科技查新审核实务

曹燕 李琳珊 姚旭 孙洁 毛一雷 著

科学技术文献出版社
SCIENTIFIC AND TECHNICAL DOCUMENTATION PRESS
·北京·

图书在版编目（CIP）数据

科技查新审核实务 / 曹燕等著. —北京：科学技术文献出版社，2024.4（2025.8 重印）
ISBN 978-7-5235-1081-0

Ⅰ.①科…　Ⅱ.①曹…　Ⅲ.①科技情报—情报检索　Ⅳ.① G252.7

中国国家版本馆 CIP 数据核字（2023）第 219892 号

科技查新审核实务

策划编辑：周国臻　　责任编辑：赵　斌　　责任校对：王瑞瑞　　责任出版：张志平

出　版　者	科学技术文献出版社
地　　　址	北京市复兴路15号　　邮编　100038
编　务　部	（010）58882938，58882087（传真）
发　行　部	（010）58882868，58882870（传真）
邮　购　部	（010）58882873
官方网址	www.stdp.com.cn
发　行　者	科学技术文献出版社发行　全国各地新华书店经销
印　刷　者	北京九州迅驰传媒文化有限公司
版　　　次	2024年4月第1版　2025年8月第2次印刷
开　　　本	710×1000　1/16
字　　　数	171千
印　　　张	10.5
书　　　号	ISBN 978-7-5235-1081-0
定　　　价	38.00元

版权所有　违法必究

购买本社图书，凡字迹不清、缺页、倒页、脱页者，本社发行部负责调换

前　言

　　科技查新是指以反映查新项目主题内容的查新点为依据，以计算机检索为主要手段，以获取密切相关文献为检索目标，运用综合分析和对比方法，对查新项目的新颖性做出文献评价的情报咨询服务。质量是查新工作的生命线，科技查新机构是否建立完善的质量管理体系是直接影响该机构查新质量的重要因素。标准化、精细化的过程管理是保障查新工作科学性、客观性、严谨性的核心所在。其中，查新报告审核是查新工作的最后一个流程，是查新质量保障体系的关键环节。如何加强和完善查新报告审核工作，全面提升查新报告质量，以更高水平服务于创新主体的创新活动，是查新工作目前亟须解决的问题。科技查新报告是科技查新工作的最终成果，是查新机构就其处理查新项目的过程及得出的查新结论向查新委托人或有关部门所做的正式书面报告。因此，查新报告是科技查新在科技评价和科研管理中发挥作用的具体形式，查新报告的质量是查新工作质量的集中体现。同时，查新报告的形成也是查新全流程工作的结果，对查新报告的审核也意味着将查新审核工作贯穿查新全流程。

　　由中国科学技术信息研究所牵头制定的国家标准《科技查新技术规范》（GB/T 32003—2015，以下简称《规范》）对查新工作的流程和质量提出了明确的要求，为查新工作的规范化实施提供了制度保障。该标准引导科技查新工作朝着标准化、规范化方向发展，促进科技查新工作质量的整体提升，推动行业健康、有序发展。

　　在查新报告审核环节中，审核员的作用日益突显。审核员须严格依照《规范》要求，对查新报告开展形式审核及实质审核。但《规范》仅对审核工作的总体原则和要求进行了规定，并未明确审核员的具体工作职责。而在实际工作中，审核员的工作内容贯穿查新工作的全流程，因此明确审核员的审核工作要点和操作细则是十分必要的。

　　本书以查新报告为对象，根据笔者多年实践经验，围绕查新报告撰写规范和质量控制，系统梳理了查新报告审核工作的完整流程，着重对科技查新报告的形式审核和实质审核中涉及的重点问题进行了案例解析。通过实例研讨和实操分析展现了审核工作的动态反馈过程，解读了审核工作在提升和监控查新报告质量的关键节点，方便读者对照学习，提高实操能力，真正对查新质量起到严格把关作用。

　　希冀本书能够切实提高科技查新从业人员的查新质量和效率，促进科技查新工作质量的整体提升。因笔者能力有限，疏漏之处在所难免，恳请读者批评指正。

目 录

第一章　科技查新审核工作概述 ... 1
- 第一节　科技查新的定义 ... 2
- 第二节　科技查新审核人员要求 ... 3
- 第三节　科技查新审核工作内容 ... 5
- 第四节　科技查新审核工作中存在的问题及难点 ... 8

第二章　查新报告科学技术要点和查新点审核 ... 11
- 第一节　科学技术要点审核 ... 12
- 第二节　查新点审核 ... 27

第三章　查新报告文献检索范围与检索策略审核 ... 46
- 第一节　检索范围审核 ... 47
- 第二节　检索策略审核 ... 67

第四章　查新报告检索结果和查新结论审核 ... 90
- 第一节　检索结果审核 ... 91
- 第二节　查新结论审核 ... 116
- 第三节　不同类型查新报告审核重点 ... 130

第五章　查新报告形式规范审核 ... 139
- 第一节　查新报告要素审核 ... 140
- 第二节　查新报告写作规范要求 ... 147
- 第三节　查新报告版式要求 ... 155
- 第四节　纸质版查新报告审核要求 ... 158

参考文献 ... 161

第一章 科技查新审核工作概述

审核是查新工作中的一个重要环节，对查新报告的最终质量起着关键性作用。本章首先简要介绍科技查新的定义，随后从科技查新审核人员要求、科技查新审核工作内容以及科技查新审核工作中存在的问题及难点等多个方面，对查新审核工作进行了较为全面的介绍，旨在阐述查新审核在科技查新中的重要作用。

本章知识脉络如图 1-1 所示。

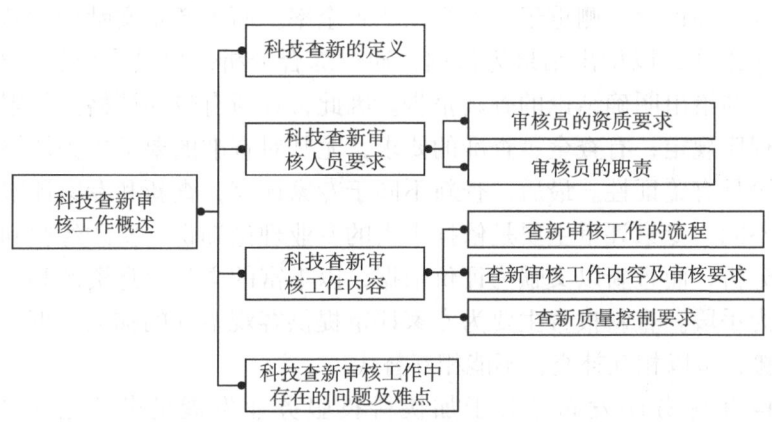

图 1-1 科技查新审核工作概述知识脉络

第一节　科技查新的定义

查新一词来源于专利审查,最早见于1978年6月公布的《专利合作条约》[①]。2015年版国家标准《科技查新技术规范》(GB/T 32003—2015)(以下简称《规范》)给出了具体定义:"科技查新,简称查新,指以反映查新项目主题内容的查新点为依据,以计算机检索为主要手段,以获取密切相关文献为检索目标,运用综合分析和对比方法,对查新项目的新颖性作出文献评价的情报咨询服务。"

从查新的规范定义可以发现,首先,科技查新与专利审查不同,科技查新仅对项目的新颖性进行审查,而专利审查则针对"新颖性、创造性和实用性"得出对比结论。其次,查新有别于一般文献检索。文献检索仅提供文献,不进行分析和评价,侧重于相关文献的查全率。而查新是文献检索基础上的文献调研工作,以检出结果为依据,通过综合分析,出具有依据、有分析、有对比,并给出明确结论的查新报告。因此,查新有较为严格的年限、检索范围和程序规定,有查全、查准的要求,尤其对查准的要求更为严格,因此查新结论具有鉴证性。最后,查新不同于专家评审,查新和专家评审所依据的基础不同,专家评审主要是依据本人的专业理论知识、实践经验和信息进行综合分析,而查新以文献为评价依据,以丰富的文献信息资源和现代化检索系统为手段。查新报告主要为专家评审提供客观鉴证的辅助依据,两者各有优劣势,可以相互补充,不能相互替代。

2014年国务院发布《关于加快科技服务业发展的若干意见》(国发〔2014〕49号),首次把"科技查新"定义为"科技咨询服务",并明确提出"加强科技信息资源的市场化开发利用,支持发展竞争情报分析、科技查新和文献检索等科技信息服务",这是国家科技创新体系发展到一定阶段的必然要求。

[①] 国家知识产权局. 专利合作条约 [EB/OL]. (2002-04-01) [2022-08-28]. http://ipr.mofcom.gov.cn/zhuanti/law/conventions/wipo/2/PCT.html.

第二节 科技查新审核人员要求

《规范》中对科技查新机构人员提出了明确要求，《规范》中提到查新机构应具有从事该项工作的科技查新人员，至少具有取得资质的3名查新员和1名审核员。科技查新人员是指参与查新工作的人员，包括查新员、审核员及对查新工作负有责任的其他人员。按照《规范》定义，查新员指"参与查新全过程的具有查新资质的查新人员"，审核员指"负责审核科技查新报告及查新员所做的查新工作是否规范，并向查新员提出审核意见的具有查新审核资质的查新人员"，同时《规范》中对于查新员和审核员的相关资质也进行了明确规定。

一、审核员的资质要求

查新工作不仅是一项科学性、技术性很强的信息服务工作，而且也是一项高智力的信息活动，它有别于单纯的文献检索或专利审查，而是文献检索和文献调研相结合的情报研究工作，它以科技文献为基础，以文献检索和情报调研为手段，以检出结果为依据，通过综合分析，对科技项目的新颖性进行情报学审查，写出有根据、有分析、有对比、有结论的查新报告，有明确的情报学结论，也具有一定的决策支撑意义。

因此，对查新工作人员的要求也是全方位的，如查新员一般需要具备以下能力：

（1）良好的职业素养：查新人员应对查新课题认真负责，与用户建立通畅的沟通渠道；

（2）相关领域专业背景和广博的知识面：有助于查新人员对该学科的查新课题进行课题分析、准确提炼主题，帮助查新人员更好利用确立好检索词，拟定不同的检索组配式；

（3）具有一定的计算机水平及对不同数据库、检索工具的熟练掌握，此能力是开展查新工作的前提条件；

（4）具有一定的外语水平，此能力保障了查新人员能阅读相关外文文献，并且能够对文献进行准确的筛选与分析；

（5）具有语言分析与撰写能力，以及对新颖性判断原则的熟练掌握，使得在撰写检索报告时能客观公正、准确无误。

随着科学技术的不断发展，各种新知识的涌现，学科领域的进一步细分，新技术新成果的应用，对查新工作人员的素质要求也在不断提升。在《规范》中对于查新员和审核员的资质也均作出了明确要求（表1-1）。

表1-1 《科技查新技术规范》中关于查新员和审核员的资质要求

资质要求	具体要求
查新员资质要求	查新员的基本资质要求包括： A）具有科技查新相关的专业知识和较宽的知识覆盖面，具有一定的外语阅读能力和计算机水平，熟悉新颖性判断原则，具有基本检索技能和文献分析与综合提炼能力，具有良好的沟通、理解和文字表述能力； B）具有中级（含）以上专业技术职称及本科（含）以上学历； C）经国家有关查新员的正规培训，具备从事查新的资格； D）遵守《科技查新技术规范》及相关法律、法规
审核员资质要求	审核员的基本资质要求包括： A）具有丰富的科技查新相关专业知识和宽阔的知识覆盖面，了解国家或省市相关科技政策，具有较高的外语水平和文献分析能力，熟悉新颖性判断原则，具有把握科技查新全过程的能力，具有对科技查新报告进行审核、对查新质量进行把关的能力及对查新员工作进行具体指导和纠错的能力； B）具有高级专业技术职称及本科（含）以上学历； C）具备查新员资格，且有五年以上查新工作经历，经国家有关查新审核员的正规培训，具备从事查新审核的资格； D）遵守《科技查新技术规范》及相关法律、法规

审核员是查新质量的把关人。《规范》规定，审核员应具有5年以上查新工作经历，具有高级专业技术职称，并经国家有关查新审核员的正规培训，具备从事查新审核的资格，由此可见审核工作的重要性。

对审核员的素质要求也高于查新员，要求具有丰富的科技查新相关专业知识和宽阔的知识覆盖面，了解国家或省市相关科技政策，具有较高的外语水平和文献分析能力，熟悉新颖性判断原则，具有把握科技查新全过程的能力，具有对查新员工作进行具体指导和纠错的能力。

二、审核员的职责

在审核过程中,审核员必须严格按照《规范》的职责要求,对查新的全过程进行形式审核及实质性审核,洞察报告实质性的技术内容,避免审核的盲目性或仅流于形式的字面浏览,使查新审核在查新质量控制中发挥应有的作用,而不是泛泛地走过场。

审核员对查新报告要认真全面地通读。从总体上看,审查查新报告的各部分内容是否完整;杜绝可能存在的政治性或政策性失误;从细节上看,查新报告审核应使报告的学术、技术内容严谨、缜密;报告中各项内容的书写格式、报告的整体版式应该统一;审核员应熟悉常用标准和规范,严格规范查新报告各项内容的著录格式,查新报告中的文字、术语、数据、代号、量与单位等应符合规范。

除了审核查新报告是否规范,审核员还应对检索过程进行一定的复现,负责审核查新员所进行的查新程序是否规范;查新员确定的检索工具、数据库(或信息源)选择是否全面适用;选择的检索词及分类栏目是否恰当;检出的文献是否相关;文献判读是否正确;查新结论是否论据翔实,体现客观、公正和准确,并就上述内容向查新员提出审查意见。

第三节 科技查新审核工作内容

一、查新审核工作的流程

从查新流程来看(图 1-2),科技查新是一项较为复杂的综合性业务,其严谨性、规范性很强,既具有知识性和技巧性,又不乏格式整理、档案统计管理等机械、烦琐、重复的事务性工作。查新流程在《规范》中已有非常明确的规定,共包括了查新委托与受理、检索、撰写查新报告、审核查新报告、出具查新报告、复审和查新文件归档等七大步骤。科技查新工作流程如图 1-2 所示。其中,复审是对查新结论有异议而启动的救济程序,同时也是查新审核程序的延续。依据《规范》,"当事人如对查新结论有不同意见,可在接到查新报告一周内，将有关意见及旁证材料提交查新机构；查新机构组织复审小组复审，一般在3个工作日内给予答复；如复审后证明当事人意见正确，则更改查新结论，并收回原报告"。因此，复审程序应当基于当事人的请求启动，而非查新工作的常规程序，在本书中暂不纳入相关流程，也不单独进行阐述。

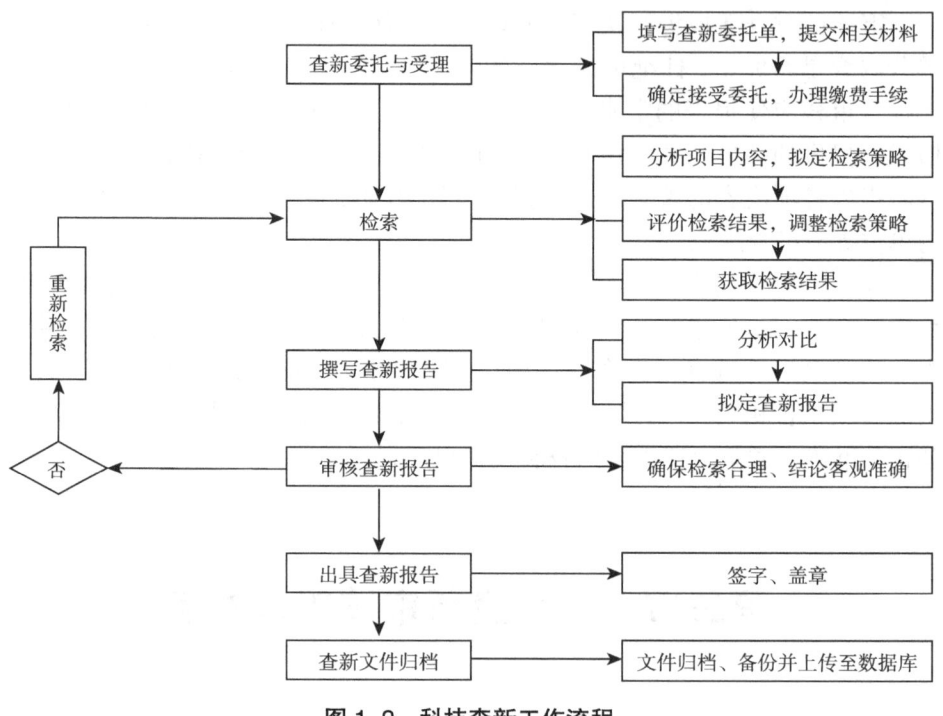

图 1-2 科技查新工作流程

查新审核渗入查新工作的全过程，从接题、检索、撰写报告的每一个阶段都需要审核员参与其中，仔细审核，以保证查新报告的质量。具体的审核工作一般包含形式审核和内容实质审核两大部分，相关的审核工作流程如图1-3 所示[①]。

---

① 黄瑞敏. 科技查新审核工作规律探析 [J]. 现代情报，2011，31（9）：140-144.

第一章 科技查新审核工作概述

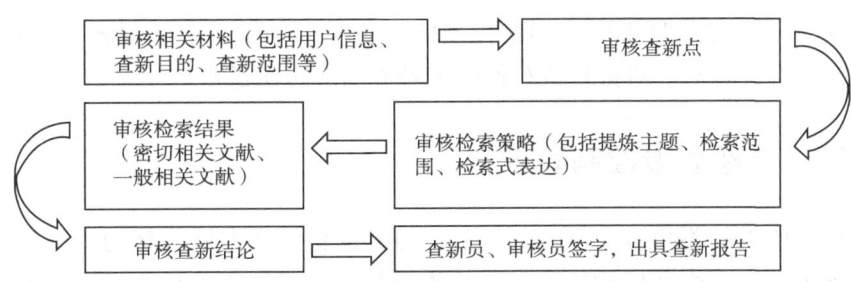

图 1-3 科技查新审核工作流程

二、查新审核工作内容及审核要求

查新审核是基于前期查新检索工作基础之上的审查校核工作,重点是对检索查全率和查准率进行考证,审核工作要充分发挥其查新质量监控的作用,关键在于准确把控审核的要点和尺度,既不能重复查新员的工作,也不能只是"走马观花式"的字面审阅,而应该在有限的时间内对查新项目进行形式上和实质性的全面审核,去伪存真,确保质量,为真正有创新性和新颖性的查新项目保驾护航,对创新驱动发展战略的有效实施切实起到助推作用。

查新审核工作内容主要从科学技术要点、查新点、数据资源、检索策略、检索结果几个方面进行内容和形式审核,同时在审核查新报告时会针对报告的完整性以及查新结论的客观性和公正性等方面进行查看与审核。而《规范》中对于查新审核从整体和细节上也均进行了明确要求(表1-2)。

表 1-2 查新审核工作的要求

整体审核	细节审核	应提出补充检索建议的情况
查新报告程序总体上的完整性 查新文献源的适用性 检索策略的合理性和准确性 相关文献的可比性和充实程度 查新结论的客观性、公正性和准确性	查新报告的各部分撰写是否内容完整、著录项目齐全、版式规范; 杜绝可能存在的政治性或政策性失误; 纠正常识性和技术性错误; 进行适当的文字、词语修订; 统一计量单位及非法定计量单位的数据换算; 处理查新报告初稿中的存疑与待定问题	1)检索结果中的相关文献偏离查新项目的核心内容; 2)所用检索词不足以涵盖查新项目主题与查新点; 3)检出的相关文献偏少、缺少实质性内容,且与查新点无可比性; 4)文献分析对比过于牵强,查新结论论据不足

查新审核应着眼于以上问题提出审查意见，如果送审的报告改动较大，或需要补查，查新员对报告进行修改或补充后应再次送审。

三、查新质量控制要求

查新质量的不可控主要来源于：①随着创新驱动发展战略的实施，查新需求越来越大，查新机构的人员与检索系统配备难以跟上行业发展与业务量急剧增加的需求；②查新项目内容纷繁复杂，来自科学技术的各个领域，查新项目的个体差异性极大，对查新员的专业知识要求很高，查新员受专业与知识等限制，业务水平直接影响查新质量；③科技查新的许多环节仍存在较大的随意性，查新流程不够规范化，机构管理体系不健全，例如委托环节查新点的随意更改，审核环节的走形式、走过场甚至是缺失，使得查新最后一道门槛无法真正发挥作用。

《规范》注重查新质量控制，要求查新机构应当亲自开展查新工作，涉及查新有关各方的行为活动应当遵循《规范》，并在第七条提出了质量控制的具体要求，明确要求开展自查、抽查、用户调查活动等。自查与抽查的主要内容包括：①查新人员是否具备执业技能；②文献资源是否满足查新需求；③科技查新的流程是否符合要求；④查新报告是否准确规范；⑤查新档案是否完整规范；⑥审核制度是否健全；⑦实际操作过程中是否存在明显的技术缺陷。

因此，查新机构应建立健全的内部规章制度和规范的业务流程，其中，明确的审核流程和管理体系至关重要。完善和细化查新目的、手段、方法、质量等指标，严格规定科技查新的工作程序和方法，及时审核和抽查查新报告，实现查新报告的质量控制，提高查新报告的含金量。

第四节 科技查新审核工作中存在的问题及难点

尽管在实际工作中会尽可能地考虑到审核工作的全面性，但实际上查新审核工作中存在着一些问题及难点，在本书中并未全部涉及，后续还将继续就此开展研究。结合实际工作，当前查新审核工作中存在的问题及难点可能包含有以下几个方面：

（1）审核员和查新员的职责区分不明确，审核员不应做重复工作，审核时应注意对查全率和查准率进行判断和考证；

（2）审核员在审核查新报告时容易受查新员的检索思路误导，审核时应注意具有一定的判断能力；

（3）针对不同查新目的的查新项目，审核员在审核查新报告时应注意审核的侧重点；

（4）建立和健全相关查新审核制度和查新质量控制体系，加强查新报告的质量以及相关人员素质的把关。

以上提及的问题，根本上是查新机构工作机制缺陷的反映。查新机构在受理查新工作时要兼顾到受理效率和报告质量水平两个方面，如需在以上两个方面均得到提升，优化查新流程和规范审核工作是必经之路。

从工作实践看，查新员和审核员之间保持高效沟通和顺畅协调，能够提高查新机构整体的查新受理能力和业务水平。审核员对于委托内容有足够的了解，并与查新员的思路有充分的碰撞，会提升审核意见的分量和实施程度。为了让审核员更深入地参与到查新过程中，在查新流程可以采取"接题审核一体化"的工作模式，审核员通过参与到最初的课题受理过程以及试检索过程，从而对查新项目内容有初步了解；查新项目完成后，由审核员完成整个查新项目最终的质量把控，这样首尾相接的"接审一体"工作机制能够使得"查审联动"起来，充分发挥桥梁纽带作用。

首先，查新机构对于委托单内容填写的要求以及查新受理标准是明确的，并且在机构内部是达成共识的。受理标准应尽可能客观，如果主观成分过大，则会出现查新员和审核员对于课题的理解冲突，上面提到的"接题审核一体化"就能够较好地解决这个问题。

其次，一个好的机构组织管理制度应保障参与工作不同环节的人员有通畅的沟通渠道。审核员与查新员在长期工作中可形成紧密的主题提炼和检索思维共识。例如在检索策略上，从最紧到松再逐步收紧的深化演进方式，由细到粗再到细地观察一些技术概念，能够更全面、整体地审查查新点新颖性的不同技术角度。这种共识使得查新工作的参与者之间沟通的效率大幅提高。审核员作为经验更为丰富的老查新员，参与到查新员的培训当中。以往一些查新机构采取"传帮带""师傅带徒弟"的经验性积累和传承方式，是值得借鉴的。审核员和查新员的沟通应该是基于检索验证过程的文献反馈，而不是就报告谈报告，否则很容易造成在表面文字层面的无效沟通，审核员的反馈意见也成为无源之水，无本之木。

再次，审核不是查新，审核员不可能每一个阶段、每一个环节都去重复查新员的工作，而需要在较短的时间内对委托单技术内容从不熟悉到熟悉，并以最高的效率找到查新项目的新颖性落点，同时通过更严密的检索逻辑和检索视角，在查新员的检索策略基础上进行再思考、再创作、再优化，通过更有针对性的检索技术（包括检索数据库和字段的选择、检索词组配方式、文献分类属性），排除掉大量非密切相关文献，较快地圈定包括潜在密切相关文献在内的精确检索结果，并迅速定位到少量最密切相关的文献，由此判断查新员的检索是否有遗漏。

最后，在当前科技信息瞬息万变、交叉学科融合越来越深的背景下，构建一个学习型机制，使查新员和审核员能够通过行业内外的交流、探讨、培训等方式，不断拓展知识、提高业务水平。即使是有专业背景的，即使是经验丰富的查新员，也时刻面临新的知识点冲击，这就要求他们要主动成为不断倒空的容器，抛弃僵化的思维固有模式，因此，对于查新参与人员的知识广度和更新程度具有比其他行业更高的要求。而这点在审核员身上尤为突出，因为面临更多不同专业技术领域的挑战。

第二章 查新报告科学技术要点和查新点审核

科学技术要点和查新点的内容对于查新报告中检索策略有着较大影响。本章主要从科学技术要点审核和查新点审核两个方面，对于查新报告中科学技术要点审核和查新点审核进行了较为详细的介绍，旨在系统地表述进行实质审核时应注意的相关事项。

本章知识脉络如图2-1所示。

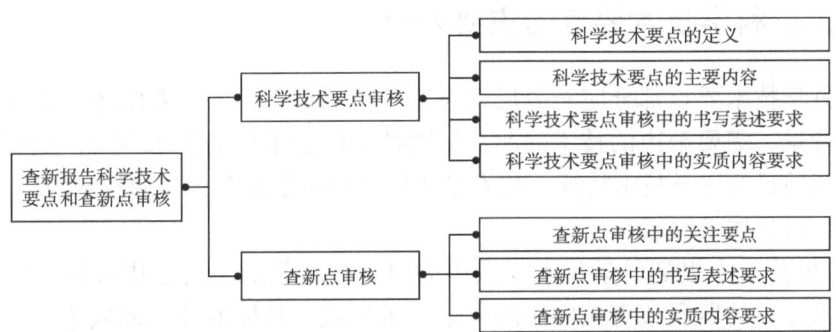

图2-1 查新报告科学技术要点和查新点审核知识脉络

第一节 科学技术要点审核

科学技术要点是查新报告中的重要组成部分，本节主要从科学技术要点审核的内容、审核原则、审核注意事项以及实际审核过程中的常见问题这几个方面展开介绍。

一、科学技术要点的定义

《规范》中提到查新报告中科学技术要点主要体现了查新项目的主要技术内容，科学技术要点主要包括科学技术领域、项目背景、研究目的、技术方案和技术效果五个方面。

二、科学技术要点的主要内容

科学技术要点部分应充分反映查新项目的概貌，并主要阐述查新项目的技术背景、需要解决的技术问题，解决技术问题采用的技术方案，重点说明与查新项目的科学技术特征、技术参数以及应用范围等相关的技术内容。

1. 科学技术领域

《规范》中提到科学技术要点中的科学技术领域主要是指查新项目所采用技术方案的所属或直接应用的科学技术领域。具体的技术领域选择可参考《规范》附录C"科技查新学科（专业）分类代码"中的专业分类。

2. 项目背景

科学技术要点中的项目背景主要是指查新项目相关的国内（或国内外）研究背景介绍或研究现状介绍。一般项目背景部分文字内容不需要过多，此部分仅进行简单描述即可。

3. 研究目的

《规范》中提到科学技术要点中的研究目的主要是指查新项目所要解决的技术问题。

4. 技术方案

《规范》中提到科学技术要点中的技术方案主要是指查新项目为实现研究目的（或解决技术问题）所采用的技术手段，一般技术手段包括技术路线和方法，产品的结构、配方、工艺、技术参数等若干技术特征。

5. 技术效果

《规范》中提到科学技术要点中的技术效果（或有益效果）主要是指查新项目技术方案（或技术特征）所获得的结果或是由构成发明或实用新型的技术特征所带来的技术效果，包括技术指标、功能、适用范围、推广程度等。一般，技术效果中提到的有益效果可以是产率、质量和效率的提高，或是反映在成本、能耗、操作简便等方面。

三、科学技术要点审核中的书写表述要求

1. 表述科学技术要点的语言方式应为客观叙述

审核员在审核时应注意查看表述科学技术要点的语言方式，在对科学技术要点进行描述时应做到客观叙述，避免使用第一人称叙述视角（即主观叙事观点），不应使用"我""我们"等词，在叙述科学技术要点时，可使用"本项目""本研究"等词语。

【案例2-1】

查新项目名称：蛆激酶制备方法及其用途

委托人提供的科学技术要点（节选）：

我们单位发现了蛆激酶，原料是蝇蛆，其提取方法，功能尚未报道。此外，我们首次从蝇蛆中分离获得了蛆激酶，该酶具有降解纤维蛋白原、降解纤维蛋白、溶解血栓的能力，该酶鉴定为溶栓酶，该酶来源于蝇蛆。之前，没有文献报道蝇蛆中含有溶栓酶（蛆激酶），也没有蛆激酶的提取工艺，我们通过离子交换和亲和层析，可以从蝇蛆获得高活力的溶栓酶（蛆激酶），建立了蛆激酶的提取工艺，为蝇蛆的高值化利用和开发提供了基础。

审核意见：可以看到此查新项目的科学技术要点中委托人多次使用了词语"我们"。一般情况下，在描述科学技术要点时应通过客观叙述的方式表述，像"我们""我司""我单位"等这类第一人称的表述用语都应避免出现。对于这类情况，审核员应告知查新员将关于项目介绍的内容由第一人称表述的方式转换为第三方表述，例如可表述成"本项目"。

修改后的科学技术要点（节选）：

本项目从家蝇蝇蛆中分离获得了蛆激酶，该酶具溶解血栓以及激活纤溶酶原的能力，该酶鉴定为溶栓酶，该酶来源于蝇蛆。

通过离子交换和亲和层析，可以从蝇蛆获得高活力的溶栓酶（蛆激酶），并建立了蛆激酶的提取工艺，为蝇蛆的高值化利用和开发提供了基础。

具体提取工艺：通过匀浆、硫酸铵沉淀蛋白（或采用调节 pH 至 3～6，除去杂蛋白）、透析除盐、离子交换层析、亲和层析（含有丝氨酸蛋白酶吸附填料）等步骤进行蛆激酶的提取。

2. 描述科学技术要点的用语应避免使用带有水平性及广告性的文字

（1）科学技术要点中不应使用评价性或水平性的描述用语

审核员在审核时应注意查看科学技术要点的用语是否符合要求，科学技术要点中应避免出现评价性或水平性的描述用语，如"具有前瞻性""具有创造性""处于国际领先水平""国际前沿""国内首创""填补了国内外空白""具有新颖性""具有创新性""国内最早完成"等词语。这类词语一般都具有一定的主观性倾向，而对于科学技术要点的表述应通过客观陈述的方式进行表述。另外，用户提交委托的查新项目一般都是待查证、待评价的项目，在科学技术要点中直接写有这类具有评价性或水平性描述的用语从逻辑性上来说是存在一定矛盾的。

【案例 2-2】

查新项目名称：异常凝血酶原测定试剂盒（磁微粒化学发光免疫分析法）

委托人提供的科学技术要点（节选）：

本公司的异常凝血酶原测定试剂盒产品是国内最早的异常凝血酶原检测试剂，并且该试剂盒大大领先于国内其他厂商。异常凝血酶原测定试剂盒（磁微粒化学发光免疫分析法），采用磁性粒子包被 AP 酶标记的 DCP 单抗完成检测，采用检测条结构实现多种试剂一次封装随时使用，该试剂盒可用于肝癌高危人群的筛查和辅助诊断。

审核意见：可以看到此查新项目的科学技术要点中出现了"国内最早""大大领先"等词语。审核员在审核报告时如遇到此类情况，应告知查新员在其与委托人沟通确定科学技术要点时，需要提醒委托人不应在科学技术要点中使用像"首个""首先""领先"等这类水平性或评价性的描述用语。查新员在与委托人沟通后对科学技术要点进行了调整修改，删去了关于试剂盒产品的主观性描述。

修改后的科学技术要点（节选）：
异常凝血酶原测定试剂盒（磁微粒化学发光免疫分析法），采用磁性粒子包被 AP 酶标记的 DCP 单抗完成检测，采用检测条结构实现多种试剂一次封装随时使用，该试剂盒可用于肝癌高危人群的筛查和辅助诊断。

（2）科学技术要点中不应使用带有修饰性或夸张性的广告词语
科学技术要点中应避免使用带有修饰性或夸张性的广告词语，例如"效果极佳""产率极高""极大提高"等词语。在表述科学技术要点时仅需要对技术内容和创新点进行客观的描述。

【案例 2-3】
查新项目名称：一款移动端×××音乐游戏手机软件
委托人提供的科学技术要点（节选）：
本项目开发的基于 Cocos 引擎的移动端×××音乐游戏手机软件，收录全球海量歌曲，为玩家带来极致的音乐游戏体验，趣味十足。
该×××音乐游戏手机软件采用模块化的设计思路，将游戏划分为游戏逻辑、UI 渲染、音频处理、事件处理、网络通信和社交分享等模块。软件采用 MVC 设计模式，……

审核意见：可以看到在描述该音乐游戏软件时，使用了"极致体验""趣味十足"等一类较为偏广告宣传的用语，这类词具有一定的主观性，而对于科学技术要点的内容需要进行客观性描述。审核员告知查新员后，查新员与委托人沟通将此内容删去。

修改后的科学技术要点（节选）：
本项目开发的基于 Cocos 引擎的×××音乐游戏手机软件采用模块化的设计思路，将游戏划分为游戏逻辑、UI 渲染、音频处理、事件处理、网络通信和社交分享等模块。软件采用 MVC 设计模式，……

3. 叙述科学技术要点内容的篇幅字数应适中

审核员在审核时应注意查看查新报告中叙述科学技术要点的篇幅长短是否适中，对于项目背景的描述无须过长，简练地表述该查新项目的相关研究现状或技术发展现状即可；对于技术效果也只需要简要表述查新项目技术方案所获得的结果即可；对于技术方案部分，在可清楚地表述查新项目解决技术问题所采用的技术路线或方法的前提下，应注意该部分表述的篇幅字数。若在审核时遇到这类情况，审核员应告知查新员与其委托人进行再沟通，并建议委托人对项目背景的文字进行精炼概括。

【案例2-4】

查新项目名称：一种军队服装用阻燃聚酰胺纤维的制备方法

委托人提供的科学技术要点（节选）：

2. 项目背景

现今，合成纤维主要品种包括聚酯、聚酰胺、腈纶三种，其中聚酯占83%～85%，聚酰胺占8%～9%，腈纶占5%左右，其他合成纤维占量很少。所以，解决合成纤维阻燃问题，就是解决这三大合成纤维的阻燃问题。而合成纤维阻燃问题，是关系到合成纤维在部队和民用两方面未来发展问题。目前聚酯阻燃问题已基本解决，腈纶具有一定天然的阻燃性，而聚酰胺纤维阻燃问题至今未能解决。

在部队被装中，80%以上使用合成纤维，目前国外发达国家被服装备中70%以上采用性能更优的聚酰胺纤维（主要以聚酰胺66为主），而部队被服装备中由于纤维发展的历史原因，70%以上依然采用聚酯纤维。因此如何提升部队被服装备品质是部队未来换装的主题方向。在阻燃作战服方面，国外发达国家一直是以高性能纤维芳纶1313和芳纶1414为主，但存在难染色、迷彩伪装差、强度低、舒适性差等缺点，特别是由于高性能纤维存在高强带来舒适性和耐用性与迷彩防侦视之间的矛盾：（1）因为高强，断裂伸长小，舒适性差；（2）因为高强，就像碳纤维一样，容易折断，造成褶边模不高，耐用性差；（3）高强纤维结晶度大，染料分子很难进入纤维非晶区，迷彩印花困难，伪装性能差。因此必须开发耐用、阻燃合成纤维，并实现较高比例混纺，解决织物耐用性和舒适性与迷彩防侦视之间矛盾这个国际性难题。以美军为首的西方发达国家已经开始装备第四代作战服，其方案主要是阻燃粘胶/芳纶1414/高强聚酰胺66（不阻燃），目的是解决作战服中舒适与迷彩伪装之间矛盾的国际难题，但所用的聚酰胺含量低（含量小于10%）、不阻燃，依然存在耐用性差、价格贵、高性能纤维含量高等问题。同时在高端民用市场上，国外飞机地毯主要采用阻燃聚酰胺66，但对外禁止出口，20多年前以北京航空地毯厂为首的飞机地毯厂商一直苦苦研发阻燃聚酰胺地毯，到目前一直未能成功，所以聚酰胺纤维的阻燃问题依然是一个世界性难题。

目前解决聚酰胺纤维阻燃的方法有共混法、后处理法和聚合法。

共混法是指先将阻燃剂与聚酰胺66熔体通过熔融共混，然后经纺丝得到阻燃尼龙纤维，这种方法是目前工业化生产中最常用的方法，它要求添加的阻燃剂必须具有良好的热稳定性能，其通常具有生产工艺简单易行、成本较低的优势；但同时存在着阻燃剂易析出、纤维的力学性能和耐久性较差等问题，特别是对阻燃剂的粒径大小有严格限制，否则很难纺出细度在3D以下的纤维，而且断头率大，造成整个纺丝纤维成本偏高。

后处理法是由于尼龙纤维的分子链上具有一定的活性基团，可与阻燃剂发生一定反应，从而对纤维进行表面整理来提高其阻燃性能。该方法具有设备简单、成本低、对阻燃剂限制少等优点，但是存在着阻燃溶液用量大，整理后有大量废液产生，纤维耐水性较差等问题。

聚合法主要包括原位共聚法，该方法的优点是阻燃剂在基体树脂中的分散性较好，阻燃剂不易析出，同时得到的阻燃尼龙纤维具有较好的力学性能。虽然是最佳解决方案，但由于其技术的复杂性，如存在适合原位共聚的阻燃剂少、聚合工艺复杂、黏度偏小等问题，至今未见国内外报道。

虽然在共聚阻燃聚酰胺66产品的开发上，国内外都做了大量的探索研究工作，但目前市面上依然没有相关产品，依然解决不了PA66纤维阻燃的国际难题，其研究基础和工业路线依然得不到解决，特别是适合聚酰胺共聚的水溶性反应型阻燃剂研究依然缺失。

3. 项目解决的技术问题

……（此处技术问题省略）

4. 采取的技术方案、方法和主要技术特征

……（此处技术方案省略）

审核意见：从此查新项目的科学技术要点中可以看到，委托人利用大篇幅文字对项目背景进行了介绍，背景介绍部分文字篇幅过大。因此，需要委托人对项目背景部分进行浓缩概括。一般在审核时，审核员应注意查看查新

报告的科学技术要点中是否用大量篇幅对项目背景进行描述，忽略了对查新项目的研究目的和技术方案等实质性内容进行着重描述。

审核员告知查新员后，查新员对委托人进行了沟通说明，委托人将项目背景中聚酰胺纤维制备方法部分的内容删去，主要叙述了目前聚酰胺纤维的阻燃现状和应用于部队服装的应用情况。

修改后的科学技术要点（节选）：
2. 国内外研究情况

现今，合成纤维主要品种包括聚酯、聚酰胺、腈纶三种，其中聚酯占83%～85%，聚酰胺占8%～9%，腈纶占5%左右，其他合成纤维占量很少。所以，解决合成纤维阻燃问题，就是解决这三大合成纤维的阻燃问题。而合成纤维阻燃问题，是关系到合成纤维在部队和民用两方面未来发展问题。目前聚酯阻燃问题已基本解决，腈纶具有一定天然的阻燃性，而聚酰胺纤维阻燃问题至今未能解决。

在阻燃作战服方面，国外发达国家一直是以高性能纤维芳纶1313和芳纶1414为主，但存在难染色、迷彩伪装差、强度低、舒适性差等缺点，特别是由于高性能纤维存在高强带来舒适性和耐用性与迷彩防侦视之间的矛盾：（1）因为高强，断裂伸长小，舒适性差；（2）因为高强，就像碳纤维一样，容易折断，造成褶边模不高，耐用性差；（3）高强纤维结晶度大，染料分子很难进入纤维非晶区，迷彩印花困难，伪装性能差。因此必须开发耐用、阻燃合成纤维，并实现较高比例混纺，解决织物耐用性和舒适性与迷彩侦视之间矛盾这个国际性难题。以美军为首的西方发达国家已经开始装备第四代作战服，其方案主要是阻燃粘胶/芳纶1414/高强聚酰胺66（不阻燃），目的是解决作战服中舒适与迷彩伪装之间矛盾的国际难题，但所用的聚酰胺含量低（含量小于10%）、不阻燃，依然存在耐用性差、价格贵、高性能纤维含量高等问题。同时在高端民用市场上，国外飞机地毯主要采用阻燃聚酰胺66，但对外禁止出口，20多年前以北京航空地毯厂为首的飞机地毯厂商一直苦苦研发阻燃聚酰胺地毯，到目前一直未能成功，所以聚酰胺纤维的阻燃问题依然是一个需要攻克的难题。

3. 项目解决的技术问题

……（此处技术问题省略）

4. 采取的技术方案、方法和主要技术特征

……（此处技术方案省略）

四、科学技术要点审核中的实质内容要求

对于科学技术要点内容的审核主要是查看"科学技术领域""项目背景""研究目的""技术方案""技术效果"这几部分内容是否完整，并且是否准确且清楚地体现出技术特征。因此，在对科学技术要点进行实质内容审核时，应查看科学技术要点的内容是否符合以下要求。

1. 科学技术要点中各项内容应完整且表述清晰、精炼

审核员在审核科学技术要点的内容时首先需要查看内容是否完整，其次还应注意查看其所写内容是否紧扣查新项目的研究主题，以及内容是否重点突出了查新项目的创新性（或新颖性）、是否写清楚技术方案以及其实施效果（如主要指标）等。具体地，在审核时对于科学技术要点主要查看以下内容：

（1）科学技术领域：对于科学技术领域应查看其所选技术领域是否与查新项目的内容相一致，若所选科学技术领域不太相符，应进行相应的调整。

（2）研究目的：对于研究目的主要查看其与项目名称是否相符。

（3）技术方案：对于技术方案审核员应查看其是否对解决技术问题所采取的技术方案、方法以及主要技术特征进行了重点描述。另外，还应注意查看其所写的技术方案是否密切围绕查新项目和要解决的技术问题。

（4）技术效果：对于技术效果审核员应查看科学技术要点中所写的技术方案或技术特征是否带来了技术效果或有益效果，内容是否相关。另外，在审核时还应注意查看科学技术要点中对于技术效果的描述是否是清楚、客观的。

【案例2-5】

查新项目名称：全域实时用户画像系统

委托人提供的科学技术要点（节选）：

1. 全域实时用户画像管理

2. 多源融合自然人唯一ID，刻画自然人维度通用画像

3. 平台功能拓展

审核意见：从此项目的科学技术要点中可以看到技术要点中对于项目的

技术方案仅是简单提及并没有进行详细描述。审核员应告知查新员,其需要与委托人沟通联系,补充技术方案内容。

修改后的科学技术要点(节选):
1. 全域实时用户画像管理

通过用户画像系统同时对多个业务 App 进行画像管理,通过底层数据分库分表,前端页面权限控制等技术保证各业务 App 数据隔离,对敏感性数据进行 MD5 加密处理,保证安全性,使用 Hologres 数据库进行高性能的数据存储及查询修改,利用 Flink 框架解决实时画像的刻画问题。

2. 多源融合自然人唯一 ID,刻画自然人维度通用画像

通过图计算,并查集等算法,结合集团内部多个 App 的信息刻画自然人唯一 ID,构建自然人维度通用维度画像,解决集团新用户冷启动等问题。

3. 平台功能拓展

新增画像平台页面用户单维度标签查询,以及 ID 互查特色功能,可随时查出某个 ID 关联的同一自然人下的账户 ID,为风控安全等业务提供保障。

【案例 2-6】

查新项目名称:新型有机融雪剂的制备

委托人提供的科学技术要点(节选):

本项目以黄腐酸为研究对象,以融雪化冰性能为研究目标,利用可控氧化降解及在 Ca^{2+} 螯合或配位络合作用下自组装成超分子网络结构,提出一种新型有机融雪剂的制备方法。

本项目制备的新型有机融雪剂通过黄腐酸可控降解以及 Ca^{2+} 螯合或配位络合作用下自组装成有利于改善融冰性能的超分子网络结构,一定程度上可减少对碳钢的腐蚀。此外该融雪剂可一定程度降低土壤酸碱度,使土壤偏弱酸性。新型有机融雪剂可以促进土壤形成大团聚体,从而改善土壤结构,利于植物生长。新型有机融雪剂可以增加土壤碱解氮含量,提高土壤养分含量。另一方面,该新型有机融雪剂在大范围大用量的情况下有利于改善土壤理化性质,具体体现在:

pH:施加新型有机融雪剂有助于使土壤 pH 趋于中性。

电导率:主要成分为无机盐的融雪剂,由于其存在大量金属阳离子和氯离子会增加土壤 EC,从而影响土壤理化性质、相比之下,由于新型有机融

雪剂主要成分为有机物，对土壤的 EC 影响较小。

有机质：新型有机融雪剂由于其成分中腐殖酸含有大量的有机质，可一定程度上减缓氯盐对土壤有机质的破坏，对于土壤养分和结构的破坏影响相对较小。

速效磷：腐殖酸结构中的羧基、酚羧基等酸性官能团可以与磷酸根竞争土壤胶体表面的吸附位点，减少土壤对磷的吸附，并且腐殖酸结构中的苯酚结构可以活化土壤中难溶性磷，进而一定程度上活化了土壤中被固定的磷，因此主要成分为腐殖酸的新型生态有机融雪剂有助于提高土壤中速效磷的含量。

审核意见：审核员在审核时应注意查看对于科学技术要点的表述，在保证内容完整的前提下其使用的语言是否简洁、精炼。从此项目的科学技术要点中可以看到对于技术效果的表述过于冗长，而关于技术方案的主要技术特征描述较为简单，审核员应告知查新员建议与用户沟通，将科学技术要点的描述内容做适当调整。

修改后的科学技术要点（节选）：

以黄腐酸为对象，以融雪化冰性能为研究目标，利用可控降解及在 Ca^{2+} 螯合或配位络合作用下自组装成超分子网络结构，提出一种新型有机融雪剂的制备方法。通过以生化黄腐酸为基础，在不同酸性条件下使用芬顿试剂对生化黄腐酸进行处理，得到黄腐酸溶液，向黄腐酸溶液中加入钙盐（醋酸钙），进行高温搅拌，冷却得到钙黄腐酸溶液，调节钙黄腐酸溶液，使其 pH 呈中性后，加入钾盐（醋酸钾、硫酸钾）和缓蚀剂（柠檬酸钠、葡萄糖酸钠），得到新型有机融雪剂，其融雪性能符合我国融雪剂国家标准（GB/T 23851—2017）中Ⅰ型融雪剂要求Ⅰ类融雪剂标准。

本项目制备的新型有机融雪剂可使植物基腐殖酸中充分降解并与无机肥料中的阳离子充分反应，具有融雪性能好、对设施腐蚀性小，自生物降解，且能促进植物生长的特点，并且该融雪剂对环境友好，有利于生态保护。

2. 科学技术要点中技术方案应突出重点技术特征

在实际审核过程中会遇到科学技术要点中对于技术方案部分仅是进行了简单的表述的问题，再或者是遇到科学技术要点中使用较大篇幅的文字对技术方案部分进行表述，但是技术方案中多数描述与查新项目关键技术特征的相关性不大，不能明确突出项目中关键技术的新颖性或创新性。除此之外，还有一些查新报告中的科学技术要点仅是对项目的常规技术进行了表述，而没有对关键技术进行描述。

若在审核过程中遇到上述情况，审核人员应告知查新员其需要与委托人进行再沟通，向委托人说明在撰写该部分时需围绕项目的研究主题，重点表述项目中关键技术的创新之处。

【案例 2-7】

查新项目名称：符合 B1 级阻燃的城市轨道交通用直流牵引电力电缆

委托人提供的科学技术要点（节选）：

3. 解决的技术问题及所采取的技术方案、方法及主要技术特征

本项目依据城市轨道交通部门发布的招标技术规范的要求进行产品研发，要求产品具备低烟、无卤、阻燃、低毒、耐紫外光、防鼠、防白蚁等性能要求，产品除符合国家标准 GB/T 28429—2012 技术要求外，其阻燃性能还同时要通过 GB 31247—2014 标准规定的 B1-（d0,t0,a1）级阻燃试验要求，从而确保电缆在火灾环境中不但本身具有阻燃性能，而且不释放浓烟和有毒气体，减少对人员和电气设备的损害。

审核意见：可以看到委托人仅是对电缆的性能进行描述，但未对电缆的结构等关键技术特征进行描述。此查新项目的科学技术要点对于最主要的技术方案内容描述较少，并且技术要点中未体现出技术的创新性，需要委托人就技术方案再进行相关技术的补充描述。

修改后的科学技术要点（节选）：

3. 解决的技术问题及所采取的技术方案、方法及主要技术特征

本项目依据城市轨道交通部门发布的招标技术规范的要求进行产品研发，要求产品具备低烟、无卤、阻燃、低毒、耐紫外光、防鼠、防白蚁等性能要求，产品除符合国家标准 GB/T 28429—2012 技术要求外，其阻燃性能还同时要通过 GB 31247—2014 标准规定的 B1-（d0,t0,a1）级阻燃试验要求，从而确保电缆在火灾环境中不但本身具有阻燃性能，而且不释放浓烟和有毒气体，减少对人员和电气设备的损害。

本项目设计的电缆型号为×××，由铜导体、绝缘层、包带层、隔火层

和外护层组成,其结构组成如图所示。

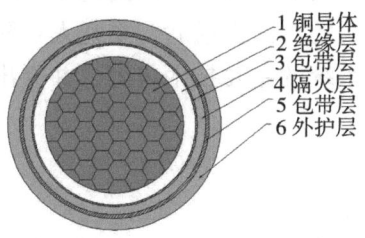

图 ×××型号电缆示意

其主要特征为:
……(此处特征部分内容省略)

【案例2-8】
查新项目名称:一种VOCs净化处理装置
委托人提供的科学技术要点:

随着钢铁工业的快速发展,焦化工业取得了巨大的进步,然而环境污染也越来越严重。随着国家提出去产能、调结构等政策,环境保护将作为焦化工业的硬性指标之一。在焦化工业的各类环保问题中,焦化工业废气的污染问题尤为突出。

当前市场上在有机废气(VOCs)的处理方面还处于空白,未出现相适应的方法或设备,有机废气虽然会被进行一些净化处理工作,但是并不能进行完整的处理,处理后,还是会被排放到大气中,给环境带来污染。

一种VOCs净化处理装置的微负压回收循环处理系统,应用于焦化行业废气处理领域,其技术方案要点是包括气体收集管、连接在上的负压泵、与负压泵相连的收集箱、与收集箱相连的输送管、与输送管相连的收集处理系统,收集箱内设有加压装置,通过收集处理系统中的一级初冷系统、二级中冷系统、三级深冷系统,能够起到对净化处理后的有机废气(VOCs)进行再次有效处理,实现零排放的效果。

审核意见:从此查新项目的科学技术要点中可以看到,委托人对于主要的技术方案描述较为简单,仅是简单提及其有一种VOCs净化处理装置的微负压回收循环处理系统，但对于该系统的关键技术内容的主要创新之处描述并没有提及，需要与委托人进一步沟通明确项目的新颖性与创新性的技术特征点。

经过查新员与委托人的再次沟通后，委托人在科学技术要点中补充完善了微负压回收循环处理系统的主要技术内容，并突出了该技术的创新之处和技术效果。

修改后的科学技术要点：

随着钢铁工业的快速发展，焦化工业取得了巨大的进步，然而环境污染也越来越严重。随着国家提出去产能、调结构等政策，环境保护将作为焦化工业的硬性指标之一。在焦化工业的各类环保问题中，焦化工业废气的污染问题尤为突出。

当前市场上在有机废气（VOCs）的处理方面还处于空白，未出现相适应的方法或设备，有机废气虽然会被进行一些净化处理工作，但是并不能进行完整的处理，处理后，还是会被排放到大气中，给环境带来污染。

一种VOCs净化处理装置的微负压回收循环处理系统，应用于焦化行业废气处理领域，其技术方案要点是包括气体收集管、连接在上的负压泵、与负压泵相连的收集箱、与收集箱相连的输送管、与输送管相连的收集处理系统，收集箱内设有加压装置，通过收集处理系统中的一级初冷系统、二级中冷系统、三级深冷系统，能够起到对净化处理后的机废气（VOCs）进行再次有效处理，实现零排放的效果。

技术简介：该技术方案核心设计理念为源头控制和资源回收。采用独立的点对点的处理方式，对各个放散管排空点进行独立的冷凝回收，在整个处理过程中冷凝设备处于密闭运行状态，不需要添加任何化学药剂，没有化学反应，没有二次污染物产生，且紧密结合焦化生产工艺特点，采用集成微负压循环净化技术和配套的压力平衡技术安全实现VOCs无组织排放源头控制和资源化利用。

技术原理与工艺：根据有机物组分的熔点和沸点的差异，采用不同的冷凝控制参数，使有机组分液化，实现回用至各自的主体生产装置物料流程系统。装置集成微负压循环净化装置和压力平衡装置，保持治理设备与主体设备压力平衡并实现VOCs近零排放。

技术主要创新点：

①安全方面：在不改变原有设备安全工艺的条件下，采用独立的点对点

的处理方式,对各个放散管排空点进行独立的冷凝回收,其设备改装工作量小,自动化程度高,维护简单,彻底解决了连管集中处置带来的萘结晶堵管、各放空点的压力平衡保证困难以及回火爆炸等诸多安全问题。

②环保方面:采用各自分段冷凝和分别回收的方式,在整个处理过程中冷凝设备处于密闭运行状态,不需要添加任何化学药剂,没有化学反应,没有二次污染物产生,没有污染物物相转移,装置集成微负压循环净化装置和正负压力平衡装置,最终真正意义上实现了VOCs减排、近零排放和资源回收。

③节能方面:冷凝回收再利用的处理方式,采用制冷方式运行,其电功率和制冷功率转换在1:××以上。且采用恒温模式把汽化的组分变回液态即可,在整个过程中,其功率消耗只与VOCs的量成正比例,整体设备自动化运行,不需人工操作,维护简单,特殊的冷凝设计节能效果显著。

④经济效益:采用集成多项技术安全实现VOCs从哪里来再回到哪里去,实现了VOCs治理工艺和焦化化产工段主体工艺的有机耦合,回收的VOCs物料最终增加了粗苯、焦油等副产品的年产量,在VOCs治理的同时还体现了一定的经济效益。

3. 科学技术要点中应包含查新点内容

在实际审核过程中会发现部分查新报告的查新点中表述的技术内容没有在科学技术要点中体现出来,关键技术特征仅是单独出现在了查新点中。《规范》中有明确规定科学技术要点须包含查新项目查新点。

科学技术要点是查新点技术特征的具体体现,其应与查新点的技术内容相对应,并能够详细地体现出查新点所表述的具体技术特征,客观真实地反映查新点的技术内容。因此,审核员在审核科学技术要点时除审核内容是否完整外,还需要注意查看科学技术要点部分是否包含了查新点中所涉及的技术创新内容。

若在审核过程中遇到这类情况,审核员应告知查新员及时将查新点中的有关技术内容补充到科学技术要点中。

【案例2-9】
查新项目名称:板栗加工专用品种选育及产业化应用
委托人提供的科学技术要点(节选):

3. 项目主要技术方案

（1）建立了栗属植物的 DNA 分子资源库。基本上摸清了栗属植物种质资源的"家底"，……构建了我国××个板栗品种具有唯一对应关系的×××分子指纹图谱。……构建了正反交板栗群体并利用简化基因组测序（GBS）技术构建一个板栗高密度遗传图谱，通过该图谱总共检测到××个与坚果大小和成熟期相关的 QTL 位点，分布在×个连锁群上。……

（2）建立了中国板栗体细胞胚再生体系，确定了最适的胚性愈伤组织诱导培养基、体细胞胚发育培养基、子叶胚成熟培养基和萌发培养基。……

（3）培育 10 个板栗新品种，其中早熟系列良种 3 个，早熟系列专用授粉良种 1 个，雄花序芽变系列良种 2 个，高糖南方良种 2 个，抗褐变良种 1 个，大果型北方良种 1 个。……

板栗极早熟国家审定良种'京暑红'。适宜种植在北京、河北、云南等板栗适宜栽培区。在云南 7 月 10 —12 日成熟，华北地区在 8 月 23 日左右，果实发育期 75 天。……

雄花序变异的特殊品种'短花云丰'和'黑山寨 7 号'。其中，'短花云丰'雄花序均长××cm，仅为正常花序的 1/×，'黑山寨 7 号'雄花序极短（××～××cm），是适于山地及瘠薄地区栽培的优良品种。……

查新项目的查新点如下：

查新点 1：构建了板栗染色体基因组和板栗高密度遗传图谱，并基于此挖掘了与坚果性状相关的主效 QTLs 位点以及相关联的×××标记，建立了主要品种具有唯一对应关系的×××分子指纹图谱。

查新点 2：一种中国板栗的基因转化方法：以中国板栗的体细胞胚作为受体，受体与含有××植物表达载体的根癌农杆菌 AGL1 的转染菌液共培养，经筛选培养得到含有目的基因转化的中国板栗组织。

查新点 3：培育了雄花序变异的特殊品种'短花云丰'和'黑山寨 7 号'，其中，'短花云丰'雄花序均长××cm，仅为正常花序的 1/×，'黑山寨 7 号'雄花序极短（××～××cm）。

审核意见：从此查新项目的科学技术要点中可以看到，科学技术要点中均提及了查新点 1 和查新点 3 中的技术内容，但是关于查新点 2 中板栗的基因转化方法并未明确提及，科学技术要点中仅提及了构建板栗体细胞胚再生体系，查新点 2 中的技术内容并没有在科学技术要点中全部体现。因此，针对这一问题，查新员应与委托人沟通，让其将科学技术要点中的技术内容补充完整。

委托人根据查新员的修改意见，在科学技术要点中补充完善了中国板栗基因转化方法的相关技术内容。

修改后的科学技术要点（节选）：
（2）建立了中国板栗体细胞胚再生体系，确定了最适的胚性愈伤组织诱导培养基、体细胞胚发育培养基、子叶胚成熟培养基和萌发培养基。……以中国板栗的体细胞胚作为受体，受体与含有pBI121植物表达载体的根癌农杆菌AGL1的转染菌液共培养，经筛选培养得到含有目的基因转化的中国板栗组织。

查新报告中科学技术要点的内容一般是查新项目的委托人在填写查新委托单时填写该部分内容，因此审核员应提醒查新员其在与委托人沟通协商修改查新委托单内容时，应明确告知委托人需要按照科学技术要点的撰写要求来填写相关内容并向其说明该部分内容为查新报告中的一部分，需要对其重视。必要时，审核员可指导查新员与委托人沟通修改科学技术要点。

第二节　查新点审核

根据《规范》中对于查新点的定义，查新点是指需要查证的查新项目的科学技术要点，能够体现查新项目新颖性和技术进步的技术特征点。查新点应依据科学技术要点，从项目的全部关键性的技术特征中提取，选择最有利于反映项目创新性的方式，如理论或原理创新，方法创新，产品结构、成分、材料、配方创新，功能、效果或应用创新等。

查新点提炼的好坏，会对查新报告的最终质量造成影响。倘若查新点提炼不当会导致查新员在制定检索策略时出现偏差，其查新结论可能会存在不是完全准确的问题，最终将会直接影响查新报告的可靠性。因此，审核员在审核查新报告时应注意查看查新点的描述是否符合要求。

一、查新点审核中的关注要点

查新点审核主要是查看查新项目中每个查新点是否清楚、准确,以及是否突出技术主题或技术特征。一般,审核查新点主要从科学性、真实性、单一性和新颖性几个方面进行审核。

1. 科学性

审核员在对查新点进行审核时,首先应注意审核查新点是否具有科学性。在实际的审核过程中会遇到查新项目属于"伪科学"的情况,这类查新项目不具有科学性。"伪科学"一般是指经过实践(包括科学实验)验证不具有科学依据或事实依据但仍然被当作科学知识来宣传的一些理论假说或假设。例如,在专利申请中较为常见的"永动机",或是近年来发表的一些关于"熟蛋返生"等内容的文章,部分研究内容存在着明显属于"伪科学"的问题。

因此,在审核查新报告时,审核员应注意判断查新点是否为"伪科学"。若经判断该查新点属于"伪科学",查新机构则可以拒绝出具查新报告或直接拒绝该查新项目的委托受理。

【案例 2-10】

查新项目名称:一种煽除雾霾的方法

查新点:在发布雾霾蓝色预警前,发动并组织群众,按照统一的方向,定时、定向共同煽动除霾扇,从地面上建立起强大的风压,使相对静止的空气带着雾霾颗粒流动起来向同一方向移出城市。

审核意见:此查新项目的查新点明显均不具有科学性,其看似在查新点中用一些科学名词进行了表述,但是其实质与科学并不关联,不符合科学方法的"知识",属于"伪科学",因此查新机构可以拒绝出具查新报告或直接拒绝该查新项目的委托受理。

此外,还有一类情况审核员在进行查新点审核时应注意,这类查新项目由于其内容超出普通认知范畴,虽然其可能具有一定科学依据但是目前还无法完全确认或验证其科学性,因此查新机构遇到这类查新委托时需要谨慎受理。

第二章 查新报告科学技术要点和查新点审核

【案例 2-11】

查新项目名称：一种减少地震发生的方法

查新点：一种能够减少地震发生的方法，通过将能量抽取设备的能量抽取管道安插至地壳层下，利用真空泵对地下的地震波能量进行抽取，降低地壳下地震波的运动，由此实现减少地震的发生。

审核意见：此查新项目的查新点是对一种能够减少地震发生的方法进行查新，审核人员经过相关文献查看，了解地震产生的原因是深处岩石破裂使长期积累的能量以地震波的形式释放出来，对于委托人所提出的方法，其实施原理虽有一定的合理性，但是还不能够完全确认其可操作性和是否符合客观实际，因此目前不能够准确判断出其是否具有科学性。

2. 真实性

审核员在对查新点进行审核时，除需要先对查新点的科学性进行审核外，还需要对查新点的真实性进行审核。部分委托人在填写查新点时提供的技术内容言过其实，过于夸大其技术内容，甚至有部分查新项目提供虚假的技术信息，因此在对查新点审核时应注意判断技术内容的真实性。

一般，对于分辨技术内容的真伪性主要有几种方式：一是审核员或查新员利用其自身经验或知识储备进行判断；二是审核员或查新员对查新点进行试检，由此对查新点中相关技术内容的真实性进行判断，必要时需要查新员与委托人充分交流后再深入分析判断材料的真伪。

【案例 2-12】

查新项目名称：一种具有治疗某种疾病效果的住房

查新点：所设计的一种住房，其通过中央空气处理器实现恒温恒湿杀菌除尘使住房具有治疗呼吸系统疾病的功能。

审核意见：此查新项目的查新点中所述的住房具有治疗呼吸系统疾病功能属于虚假信息，因为住房本身不会具有治疗疾病的功能，只是通过安装中央空气处理器使室内维持恒温恒湿的环境，为患有呼吸系统疾病的住房人提供一个适宜居住的环境，但其也不可以直接表述为住房能够治疗疾病。

3. 单一性

通常，技术主题（或技术项目）是由一个或多个技术方案构成，而技术方案又是由技术特征构成。因此，查新项目的查新是依据技术特征的新颖性程度来判断技术方案的新颖性。另外，根据《规范》中的"单一性原则"要求（具体内容见规范中"4.2 单一性原则"部分），一个查新项目应当限于一个主题，只有当多个主题有一个密不可分的特定技术特征时才被允许出现在同一查新项目中。因此，在对查新点审核时应查看查新点是否具有单一性，主要可从以下几个方面进行审核判断。

（1）一个查新项目研究的技术主题原则上是一个技术主题，即研究单个事物的属性；研究多个事物之间的一种联系；研究事物之间转化的一种方法

1）研究单个事物的属性

【案例 2-13】

查新项目名称：双孢菇不同部位的参数研究

查新点 1：系统研究了双孢菇不同部位的冰点变化。

查新点 2：系统研究了双孢菇不同部位的导热系数。

审核意见：此查新项目中的两个查新点分别对双孢菇不同部位的物理变化和热物理性能参数变化进行查新，每个查新点仅对单种物质的一项物理变化或热物理性能参数进行研究，符合查新点的单一性审核原则。

2）研究多个事物间的一种联系

【案例 2-14】

查新项目名称：一种综合防伪技术

查新点：集可变条码、数字水印和开锁为一体的综合防伪技术。

审核意见：此查新项目中查新点所描述的一种综合防伪技术是通过可变条码、数字水印和开锁三种防伪技术结合在一起实现，三种防伪技术之间存在联系，符合查新点的单一性审核原则。

3）研究事物之间转化的一种方法

【案例2-15】
查新项目名称：一种2'-脱氧胞苷的制备方法
查新点：利用密西根克雷伯氏菌湿菌体，以胸苷、胞嘧啶为原料，以纯化水为反应溶剂，混合搅拌得到2'-脱氧胞苷。

审核意见：此查新项目中查新点为以胸苷、胞嘧啶为原料制备2'-脱氧胞苷的制备方法，属于事物之间转化的一种方法，符合查新点的单一性审核原则。

（2）一个查新项目可以有多个分主题，但分主题围绕同一个研究目的展开且服从一个技术主题

简单来说就是一个查新项目含有多个查新点的情况，每个查新点都是一个主题，但是查新点之间有密切的联系。例如，对一种仪器检测研究进行查新，其中一个查新点侧重于设备组成，一个查新点侧重于检测技术，虽然两个查新点的侧重不同，但都是围绕仪器检测这一个大的主题进行。

【案例2-16】
查新项目名称：一种双孢蘑菇植物源复合烫漂体系
查新点1：以紫苏、淡竹叶和桑叶提取液为原料研究出一种双孢蘑菇植物源复合烫漂护色剂。
查新点2：开发出一套双孢蘑菇脱氧充氮烫漂设备。
查新点3：开发出一套双孢蘑菇脱氧充氮烫漂方法。

审核意见：此查新项目中的3个查新点虽然分别对护色剂、烫漂设备和烫漂方法进行了描述，但是将此护色剂、烫漂设备和烫漂方法联合应用于双孢菇烫漂较好地克服了传统沸水烫漂中双孢蘑菇褐变严重、易破坏营养物质等缺点，且无亚硫酸盐等化学物质残留，因此其属于多个分主题服从一个技术主题，符合查新点的单一性审核原则。

（3）一个查新项目可以有多个技术主题，但技术主题之间有一个密不可分的特定技术特征或共同的技术特征

【案例 2-17】

查新项目名称：行蒽环类药物化疗的乳腺癌患者心脏毒性的防护

查新点 1：提出心理干预、有氧训练对行蒽环类药物化疗的乳腺癌患者心脏毒性的防护作用。

查新点 2：研究发现右丙亚胺联合心理干预对行蒽环类药物化疗的乳腺癌患者心脏毒性的防护作用优于单用右丙亚胺。

查新点 3：研究发现右丙亚胺联合低强度有氧训练对行蒽环类药物化疗的乳腺癌患者心脏毒性的防治作用优于单用右丙亚胺。

审核意见：此查新项目中的 3 个查新点均描述了采用不同方法手段对行蒽环类药物化疗的乳腺癌患者心脏毒性的防护作用，虽然 3 个查新点的技术主题不完全相同，但是 3 个查新点之间具有相同的技术特征（心理干预、有氧训练、右丙亚胺），符合查新点的单一性审核原则。

（4）一个查新项目含有多个不太相关的技术主题，需分成几个查新项目进行

《规范》中有提到，在对查新项目审核其是否符合单一性原则时，如果该查新项目含有两个以上并非密不可分的特定技术特征时，查新机构可以要求查新委托人分案查新或分主题查新。

【案例 2-18】

查新项目名称：干旱地区板栗的栽培灌溉

查新点 1：针对土壤一般偏碱性、有效锰含量低的地区栽培板栗应用锰还原菌剂作为肥料。

查新点 2：研发出根域注液器用于干旱地区幼树节水灌溉。该注液器的支撑管内设置有塑料或橡胶材质的水管，既加大管内压强，又减少了外部刚性支撑管腐蚀，注液孔分布在注液管下部圆周同侧的弧面上，使注射的液体只流向树根方向。

审核意见：此查新项目中的两个查新点，查新点 1 的技术主题为栽培板

栗的肥料，而查新点2的技术主题为用于干旱地区幼树节水灌溉的根域注液器，两个技术主题相关性较小，不符合查新点的单一性审核原则，因此应考虑将两个查新点拆解成两个查新项目来进行查新。

4. 新颖性

对于新颖性的判断，《规范》中提到新颖性是指查新委托日或指定日以前查新项目的查新点没有在国内或国外公开出版物上发表过。审核员在对查新点进行审核时，应注意审核查新点的技术内容是否与现有已公开报道的某一篇文献（或专利、新闻报道等公开报道资料）中的内容实质上相同，即查看该查新点是否与单篇公开的报道资料中的技术领域、解决技术问题和解决技术问题采用的技术方案以及技术效果等内容完全相同，如果相同则说明该查新点明显缺乏新颖性。

但是，在审核时应注意部分委托人由于接触科技查新业务的机会较少，对于撰写查新点的经验较少，因而可能会存在未写出或未写清其技术创新点的情况。例如，委托人在查新点中只写出了常规技术或一般技术，而未写出其查新项目中关键技术的核心内容。因此，在审核时若遇到查新点缺乏新颖性，但审核员认为其具有可提炼的技术创新点，审核员可告知查新员与委托人进行再沟通，或是对委托人提供的有关支撑材料再进行仔细阅读和深入分析，必要时可进行试检，重新提炼、调整查新点。

另外，审核员在判断查新点新颖性时应注意判断的层次性，在审核判断时应先判断整体研究的新颖性，如果整体研究不具有新颖性并不能完全否定部分研究也不具有新颖性。其次，在判断部分研究的新颖性时，如果部分研究不具有新颖性，则整体研究便不具有新颖性。在遇到部分研究不具有新颖性的情况时，审核员应通知查新员与委托人重新沟通确定查新点，或者终止查新。

【案例2-19】

查新项目名称：法院核心业务综合管理平台

查新点：法院核心业务综合管理平台可满足动态剪裁、自由组合个性化应用的需求，并提供流程配置、机构配置、权限配置等灵活的自由配置能力。

审核意见：此查新项目的查新点经过审核员检索判断已有相同的公开文献报道，因此委托人所写的查新点不具有新颖性。

二、查新点审核中的书写表述要求

对于查新点的表述，与科学技术要点的表述要求相同，在审核查新点时应注意查看查新点的表述是否符合以下要求。

1. 查新点中不应含有评价性或水平性描述用语

在审核过程中，发现部分查新报告中对查新点进行描述时使用了"打破""率先""独特""国内（或国外）首创""填补国内（或国外）空白""达到国内（国外）先进水平或者省内（省外）领先水平""国内外未见报道"等类似词汇对其技术的创新性进行评价描述。需要注意的是，查新点和科学技术要点中都不应出现与主要技术内容无关的评价性词语或者具有主观性的表述。

【案例 2-20】
查新项目名称：发酵液提取物中辅酶 Q10 的分离纯化方法
查新点：首次将高速逆流色谱法应用于发酵液提取物中辅酶 Q10 的分离纯化。

审核意见：此查新项目的查新点中使用了"首次"这类评价性词语，不符合查新点的表述要求，因此查新员应告知委托人将查新点中评价性、修饰性词语或宣传类用语删去。查新员在与委托人说明查新点的表述规则要求后，委托人将所写的"首次"这类描述性词语删去。

修改后的查新点：
利用高速逆流色谱法分离纯化发酵液提取物中辅酶 Q10。

【案例 2-21】
查新项目名称：甲胎蛋白异质体 AFP-L3 亲和吸附离心管
查新点：国内唯一的甲胎蛋白异质体 AFP-L3 亲和吸附离心管。

审核意见：此项目的查新点中出现了"国内唯一"这样具有水平性描述的用语，不符合查新点的表述要求，另外查新点中也没有具体体现出离心管的主要技术特征，查新员在听取审核员的审核意见后就存在的相关问题向委托人进行了说明，委托人根据建议对查新点进行了修改调整。

修改后的查新点：一种甲胎蛋白异质体 AFP-L3 亲和吸附离心管，……（主要技术特征此处省略），该吸附离心管可与配套的甲胎蛋白检测试剂实现 AFP-L3 定量测定。

2. 查新点中不应含有修饰性、宣传性或广告性用语

在审核过程中，发现部分查新报告中的查新点含有"产品最佳""技术最优""首创"等一些带有广告性、宣传性或修饰性的词语，但这一类词语均不应出现在查新点中。

【案例 2-22】

查新项目名称：山陈舒畅咀嚼片

查新点：山陈舒畅咀嚼片是一种山楂、麦芽、桑葚、莱菔子（炒）、陈皮等经过处理与辅料一起压制成的片剂，其能够健脾开胃，促进消化，效果很好。

审核意见：查新点中的"效果很好"词语属于广告性或宣传性用语，需要将这类词语删去，只保留咀嚼片的制备方法即可。

3. 查新点中不应使用自创性词语或自造词

部分委托人为使自己的查新点具有"新颖性"，在查新点中使用一些自创性词语或将一些专业术语进行撰改。《规范》中明确提出查新点中不可使用自造词，因此，审核员在审核时若遇到这类情况需提醒查新员应与委托人说明查新点中需使用专业术语，不可以使用自造词。

【案例 2-23】

查新项目名称：一种低温涨发 BBS 材料

查新点：利用 BBS 材料具有低温涨发的特点，实现对成束线缆的气密封堵，隔绝水汽通道。

审核意见：此项目的查新点中提到了使用一种 BBS 材料，但查新员在检索过程中以 BBS 做检索词并未检索到与查新点的相关文献，后经查新员与委托人沟通了解到 BBS 材料是一种防凝露气密封堵材料，而"BBS"是委托人对该材料自定义的名称。在与委托人说明查新点的表述规则要求后，委托人对该材料的名称进行了修改。

修改后的查新点：

利用防凝露气密封堵材料（BBS材料）具有低温涨发的特点，实现配电网设备中成束线缆的气密封堵，隔绝水汽通道。

审核员在审核查新点时应注意查看查新点是否使用了其所属领域的专业用语。如果查新点中涉及材料或物质的名称，审核员应查看其是否使用专业名词或是行业内认可的通用叫法。

三、查新点审核中的实质内容要求

《规范》中明确提到查新点的表述要客观、科学，文字应简明、透彻，勿使用自造词，条理清晰。查新点的提炼好坏一定程度上决定着最终出具查新报告的质量，因此在审核查新点的内容时主要从以下几个方面进行审核。

1. 查新点内容范围应与查新项目内容一致

在实际审核过程中，部分查新报告中的查新点内容过于笼统宽泛，未能够清楚明确地体现与查新项目新颖性相关的关键技术内容，甚至有时直接将查新项目名称作为查新点。对于这类情况，审核员需告知查新员其应与委托人沟通，找出最主要的技术内容并提炼出能够体现项目关键技术新颖性的查新点。

【案例2-24】

查新项目名称：敏感岩性物性流体岩石物理弹性参数构建技术

委托人提供的原查新点：敏感岩性物性流体岩石物理弹性参数构建技术。

修改后的查新点：

查新点1：岩性岩石物理弹性参数是表达式在自然伽马或泥质含量方向上的投影。

查新点2：物性岩石物理弹性参数是表达式在孔隙度或密度方向上的投影。

查新点3：流体岩石物理弹性参数是表达式在含水饱和度或电阻率方向上的投影。

审核意见：此查新项目中的查新点范围过大，没有将技术的创新内容描述出来，查新员应与委托人沟通帮助其修改查新点，在查新点中将查新项目关键技术的创新性或新颖性体现出来。委托人根据与查新员沟通修改，明确了查新点的技术内容，最终将查新点修改为 3 个。

2. 查新点不应包含多个技术主题或技术方案

在实际审核过程中，有部分查新点在表述时将多个技术主题或技术方案写在一个查新点中。《规范》中明确提出每个查新点只可表达查新项目的一个技术主题。对于这类情况，审核员应告知查新员其需与委托人沟通修改查新点，将原查新点拆分成多个查新点，每个查新点只突出表述一个技术主题或技术特征。

【案例 2-25】

查新项目名称：用于 COPD 的治疗关键技术

查新点：从临床流行病学、实验动物学以及分子生物学方面研究发现慢性牙周炎对 COPD 的发生发展具有促进作用，临床牙周干预治疗对 COPD 患者具有良好辅助治疗效果，改善了 COPD 患者的肺功能指标及显著降低了 COPD 患者急性发作的频率，并改善了 COPD 患者的生活质量。

审核意见：通过查新点可以得知该研究采用的技术手段是临床流行病学、实验动物学以及分子生物学，但是写的范围过大，需要进一步明确具体的技术手段。此外，此查新项目的原查新点中包含了两个技术主题，一个是研究了慢性牙周炎对慢性阻塞性肺疾病（COPD）的发生发展具有促进作用，一个是发现了临床牙周干预治疗对 COPD 患者具有良好辅助治疗效果，没有做到查新点突出一个技术主题或技术特征，不符合查新点的单一性审核原则。但是两个技术主题均是针对 COPD 问题，属于围绕同一个研究目的展开，因此审核人员应提醒查新员将两个技术主题逐一列出，改为两个查新点进行查新。

修改后的查新点：

查新点 1：通过牙周干预对 COPD 患者进行辅助治疗，并取得了良好辅助治疗效果，改善了 COPD 患者的肺功能指标及显著降低了 COPD 患者急性发作的频率，并改善了 COPD 患者的生活质量。

查新点 2：建立了牙周炎诱发 COPD 的大鼠动物模型和牙周炎促进 COPD 的大鼠动物模型，研究发现牙周炎对 COPD 具有促进作用。

【案例 2-26】

查新项目名称：一种硫化镉/石墨烯纳米复合材料

查新点：采用界面自组装的方法在常压、室温条件下合成了硫化镉/石墨烯纳米复合材料，并将其用于可见光催化降解甲基橙。该制备过程具有操作容易、条件温和、设备简单、环境友好等优点。

审核意见：该查新点的技术主题为硫化镉/石墨烯纳米复合材料，但是查新点中包含了材料的制备方法和材料的应用两个技术方案，属于一个查新点的技术主题中包含了两个技术方案，不符合单一性的审核原则。因此，根据单一性原则，可以将原有的查新点查分成两个查新点，同时将"该制备过程具有操作容易、条件温和、设备简单、环境友好等优点。"这类不含有技术内容的非重要内容删去。

修改后的查新点：

查新点1：采用界面自组装的方法在常压、室温条件下合成了硫化镉/石墨烯纳米复合材料。

查新点2：将硫化镉/石墨烯纳米复合材料用于可见光催化降解甲基橙。

3. 查新点应对技术方案内容进行描述

在实际审核过程中，有部分查新报告中的查新点只将一些性能参数、应用效果或功能等无实质性的技术内容罗列出来，即只描述了技术效果（或只列出参数指标），而对于能够体现项目新颖性或创新性的技术内容描述未在查新点中体现。审核员在审核时应注意查看查新点是否对技术方案内容进行表述。

【案例 2-27】

查新项目名称：一种新型高效喷涂材料

委托人提供的原查新点：

查新点1：高效性。研究应用新型高效喷涂材料，减少胶轮车运输量，减少喷涂材料使用量，提高喷浆施工工作效率，降低作业人员劳动强度；降低喷浆回弹率……

查新点2：安全性。研究应用高效可塑性喷涂材料，缓解胶轮车运输安全风险；提高巷道变形后喷层可塑性，防止因喷层受压变形开裂脱落……

查新点 3：环保性。研究应用新型高效喷涂材料，降低作业过程中粉尘产生量，避免巷道空气再次污染，减少粉尘职业病发病率，保证作业人员健康。

修改后的查新点：

在煤层回采巷道支护中应用新型塑性喷涂材料（KA-GK），该喷涂材料的主要原料为改性的 MDI、改性高阻燃聚醚、改性高阻燃催化剂（A/D）及改性高阻燃发泡剂（B/C）。

【案例 2-28】

查新项目名称：一种新型橡胶外底材料

委托人提供的原查新点：

本项目研究将高耐磨橡胶外底的制备与低硬度橡胶外底的制备关键技术相结合并将其应用于鞋外底，开发高耐磨、低硬度，同时抗湿滑性良好的一种新型橡胶外底。本项目主要技术指标：（1）密度 $1.15\ g/cm^3$；（2）耐磨性能：磨痕长度 ≤ 3.5 mm；DIN 磨耗 ≤ $40\ mm^3$；（3）硬度（Shore A）60～65；（4）拉伸强度：15 MPa～20 MPa；断裂伸长率：600%～700%；（5）直角撕裂强度 ≥ 60 N/mm；本项目配方组成：顺丁橡胶，天然橡胶，丁苯橡胶，白炭黑，环烷油，偶联剂 [四硫化双（三乙氧基丙基）硅烷（Si69），双 -（3-三乙氧基硅烷丙基）- 二硫化物（Si75）]。

修改后的查新点：

以顺丁橡胶为基体材料，天然橡胶、丁苯橡胶为改性剂，以 Si69、Si75 为偶联剂，制备高耐磨、低硬度，同时抗湿滑性良好的一种新型橡胶外底材料。

审核意见：上述两个查新项目中的查新点均是仅表述了技术的应用效果或指标参数，根据《规范》要求，查新点是能够体现查新项目新颖性和技术进步的技术特征点，因此不能将应用效果或指标参数作为查新点来进行查新。查新员应与委托人沟通，在查新点中体现出可反映查新项目新颖性或创新性的技术特征。

值得注意的一点是，审核员在审核时会遇到查新点缺乏实质性技术内容的问题，审核员让查新员与委托人再次沟通修改查新点，但部分委托人因查新项目涉及一种全新的技术（或产品）或担心新的技术（或产品）公开后被他人仿制，不愿过多透露其关键技术或研究情况，对其技术创新点采取保密态度。面对这类情况，查新机构和查新员应首先向委托人表明态度和责任，并应向委托人说明查新员会严格遵守保密原则，从而获得委托人的理解与信任。同时，查新员还需要向委托人说明表述查新点的相关规则要求，与委托人沟通修改查新点。

此外，在实际审核过程中还发现，部分经验不足的查新员由于不能准确理解查新点与科学技术要点两者间的关系，认为新颖性的判断只能通过查新点中的内容进行判断，与科学技术要点无关。对于这类情况，审核人员应对查新员进行指导，使查新员清楚查新点与科学技术要点二者之间的关系，并使查新员认识到项目新颖性的判断除依据查新点内容外，还可结合科学技术要点进行判断。

4. 查新点内容应表述精炼，避免过于冗长

《规范》中明确提出查新点的表述文字应简明、透彻。而在实际审核过程中，部分查新报告中的查新点内容过于冗长[1]，查新点罗列的内容过多，有时会将一些背景文字等不太重要的内容也写在查新点中，从而显得具有新颖性的实质性部分不够突出。一般这种情况多见于关于成果鉴定或申报项目的查新项目中，部分委托人会直接将其相关资料直接套用到查新点中，对于查新点的内容未做整理提炼。

对于这类情况，审核员应提醒查新员进一步加强与委托人的交流反馈，协助委托人修改查新点，分清主次将查新点内容变得精炼，将项目中能够体现新颖性的最关键技术部分展示出来。另外，对于一个查新项目中含多个查新点，但查新点间含有重复内容的，也应将重复表达的内容进行合并整理。

值得注意的是，查新员在与委托人沟通修改查新点时，部分委托人对查新委托受理流程比较了解，同时其对自身委托查新项目的技术水平和同类技术的技术水平也较为了解。但是由于委托人知道其查新项目的新颖性不够，故而在与查新员沟通确定技术创新点的过程中，对其查新项目的技术避重就轻或不强调其关键的技术，仅是简单的罗列内容，重点不突出。面对这类问题，查新机构和查新员在受理过程中应注意甄别并妥善处理。

---

[1] 毛莉菊，陈蓉蓉，唐惠燕. 查新报告审核中的关键问题探讨[J]. 农业图书情报学刊，2010，22（4）：73-75，83.

【案例 2-29】
查新项目名称：一种集土压、泥水、TBM 功能于一体的三模式掘进机
查新点 1：一种集土压、泥水、TBM 功能于一体的三模式掘进机。
查新点 2：基于管道出渣方式的 TBM 掘进模式技术：在 TBM 模式下，采用泥浆管代替传统的主机皮带机、设备皮带机和连续皮带机，利用泥浆携带渣土实现了渣土的连续排出。
查新点 3：掘进机双通道混合排渣系统：掘进机同时具备泥浆管路和螺机两个排渣系统，设备掘进时，泥浆管路持续高效排渣，螺机辅助捞石，解决了泥浆管道排渣时开挖仓仓底易堆积大粒径渣土的问题。

审核意见：此查新项目中 3 个查新点实际均是围绕三模式掘进机的工作模式这一个技术主题展开，主要想表述集土压、泥水、TBM 功能于一体的三模式掘进机在 TBM 模式下可同时开启排渣模式实现渣土连续排出，可只写为 1 个查新点进行查新，不必拆分为 3 个查新点。因此，查新员可与委托人沟通对查新点进行修改，将 3 个查新点整合为 1 个查新点进行查新。

修改后的查新点：
一种集土压、泥水、TBM 功能于一体的三模式掘进机，在 TBM 模式下实现了泥浆管路与螺机同时开启的排渣模式，泥浆管路持续高效排渣，螺机辅助捞石。

5. 查新点内容应明确、清楚表述技术的创新性
在审核过程中，部分查新报告中的查新点对于关键技术内容仅是简单描述，未能清楚准确地表述出关键技术的新颖之处是什么，或者查新点中提到的某些技术的概念较为宽泛或模糊，没有明确的表述。对于这类情况，审核员需告知查新员其应与委托人沟通修改查新点，准确把握查新项目的创新点，通过与委托人商榷修改后在查新点中突出关键技术的创新性或新颖性。

【案例 2-30】
查新项目名称：一种食品及咸味香精中关键气味活性化合物的分析鉴定方法
查新点 1：气相色谱 – 嗅闻 – 质谱。

查新点 2：气味活性化合物。

审核意见：此查新项目的查新点仅是简单列出了检测技术采用气相色谱－嗅闻－质谱，并未明确写出该技术应用于哪个领域，也未突出该技术的新颖性或创新性，查新员需要与委托人进一步沟通确定查新点的技术内容。查新员与委托人沟通修改后，明确了检测技术的检测对象以及检测物质，并将查新点修改为一个。

修改后的查新点：
采用气相色谱－嗅闻－质谱（GC-O-MS）技术对食品（北京烤鸭、金华火腿、宣威火腿、豆浆、红茶、红烧牛肉罐头、蜂胶、巧克力、醋）、咸味香精中的关键气味活性化合物进行分析鉴定。

经过与委托人沟通，气相色谱－嗅闻－质谱是一种较为常见的食品检测技术，但该查新项目的创新之处是将检测技术用于检测食品和咸味香精中的气味活性化合物，与现有检测领域不同，因此修改后将原有的两个查新点进行了整合并补充了一些技术细节。

此外，在实际的查新受理审核过程中，还遇到部分查新报告中写查新点仅是将一些词语或短句罗列出来，并没有形成完整的一句话，将查新项目中具有新颖性的主要技术特征表述出来。对于这类情况，审核员应要求查新员重新修改查新点。

【案例 2-31】
查新项目名称：一种可纺性溶胶
查新点：拟薄水铝石、可纺性溶胶

审核意见：该查新点仅是将两个词语进行了罗列，此查新点的表述主要存在两个问题：一是不应将词语或短句作为查新点，二是仅通过两个词语不能够明确清晰地表述出查新项目的技术特征。查新点中仅是写出拟薄水铝石和可纺性溶胶这两个词语，并不能确定该查新是针对拟薄水铝石和可纺性溶胶的制备工艺查新还是对其配方进行查新，并且也不能确定其具有新颖性的技术特征是什么。审核员应向查新员说明查新点的表述形式，并要求其重新修改查新点。

查新员在与委托人沟通后对查新点进行了修改,并将查新点的技术内容进行了补充,主要将可纺性溶胶的成分组成和制备方式结合在一起进行查新。

修改后的查新点:

以拟薄水铝石为主要原材料,有机硅酯(正硅酸甲酯、正硅酸乙酯)及羧酸(甲酸、乙酸、丙酸)、有机聚合物(聚乙二醇、PVP、PVA、PU)为流动相制备可纺性溶胶。

经过修改后,该案例明确清楚地表述出了查新点的技术内容。

6. 不应将行业内一般技术或常规性方法作为查新点

在审核过程中,部分查新报告中将行业领域内的一般技术或者是常规性方法作为查新点来进行查新[①],这可能是由于查新员对于该行业领域的相关技术了解较少,不知道该技术为一般技术,或者是查新员在前期与委托人沟通时未确认好查新点内容。《规范》中有明确提到查新项目中的查新点不应将本领域的一般技术特征作为查新点。

因此,审核员在审核报告中遇到这一类问题时,审核员需告知查新员修改查新点,此外还应告知查新员需与委托人沟通修改查新点并向其解释说明查新点所查内容,以及向委托人说明其需要对所查技术分清关键问题和次要问题,找出技术的关键之处或是创新之处,必要时查新员可协助委托人进行寻找确认。

【案例 2-32】

查新项目名称:智能化档案管理系统

查新点:智能化档案管理系统基于 OCR 识别技术实现档案的电子化存储、管理和查询。

审核意见:查新点提及的 OCR 识别技术在现有的论文文献、新闻等公开文献中已见有较多的报道,这类技术属于电子化或智能化档案管理系统中使

---

① 袁雅君,周武源,吴叶青. 科技查新审核质量控制研究 [J]. 江苏科技信息,2014(17):23-24,27.

用的常用技术。

7. 避免将过时或偏僻的技术知识作为查新点

部分委托人会将一些过时的、偏僻的或是文献中已几乎不出现的技术知识当作查新点以为获得具有新颖性的查新报告[1]。对于这类情况，审核员在进行审核时首先应注意判断该查新点是否符合《规范》中对于查新点的撰写要求以及是否符合查新点的单一性、科学性和真实性的审核原则，若该查新点符合要求则可以受理进行查新。

此外，对于这类查新点还需要注意的是，审核员后续在审核查新报告时应注意查新员在查新结论部分的表述，一般建议不在结论中明确写"本项目具有新颖性"，查新员应只根据实际的检索情况对检索到的相关文献量进行简单叙述，主要表明与查新点相关的早期文献的发表时间，同时还应表明该查新点由于其涉及的相关技术已几乎不被使用，近期的相关文献因而较少。

【案例 2-33】

查新项目名称：一种新型阻燃硬质聚氨酯泡沫

查新点：以羟值为 430 mgKOH/g 的聚醚多元醇和多亚甲基多苯基异氰酸酯（PAPI）为原料、五溴二苯醚为阻燃剂、一氟二氯乙烷（HCFC-141b）为发泡剂、并按质量比为 100 : 140 : 10 : 2.2 通过自由发泡的方式制备一种阻燃硬质聚氨酯泡沫。

审核意见：此项目是对一种阻燃硬质聚氨酯泡沫的配方进行查新，但是在审核过程中发现，五溴二苯醚因其作为溴系阻燃剂存在持续性有机污染（POPs），从 2005 年起欧盟以及美国等国家地区已禁止使用，所以在目前的实际应用和科研文献报道中已很少出现。所以查新员在检索时可能会出现相关文献较少的情况，但是从审核角度而言，该查新点内容符合查新点的审核原则。因此，审核员在审核该查新报告的查新结论时应注意查看查新员是否依据实际情况进行描述，必要时可提醒查新员将相关情况在查新结论中进行说明。

审核员在审核查新点时，应具有较为敏感的洞察力和较强的专业知识感

---

[1] 薛晓芳，程瑾，张晓燕，等. 生物医药卫生科技查新中的信息分析研究 [J]. 中华医学图书情报杂志, 2010, 19（4）: 67-69, 81.

知能力，能够较为快速、准确地把握委托人或查新员所拟定的查新点内容是否合理正确，是否符合查新点的单一性、新颖性、科学性和真实性审核原则，并且注意查看委托人是否通过简明扼要、逻辑清晰的语句描述出查新点中技术的创新性或新颖性，并且需注意用词是否严谨、准确，是否使用模糊词语或广告宣传词语。另外，查新员在委托接题阶段与委托人沟通确定查新点的过程中，也要保持与审核员进行有效沟通，尽量避免因查新点拟定不准或错误而导致查新返工等问题，从而有效提高查新工作效率，保证查新报告质量。

8. 查新点中的技术内容不应使用惯用手段直接置换

查新新颖性原则中的惯用手段直接置换与专利新颖性判断原则中的惯用手段直接置换内容一样，《规范》中的"惯用手段的直接置换否定原则"提到如果查新项目与对比文献的区别仅仅是所述技术领域惯用手段的直接置换，则该查新项目不具备新颖性。

因此，审核员在审核查新点时应注意查看查新点中的技术内容是否是惯用手段的直接置换。本领域惯用手段的直接置换一般指有待置换的两种技术内容（或技术特征）所解决的技术问题相同，技术内容（或技术特征）进行直接置换后，查新项目的技术方案所实现的技术效果未发生改变。还有一点需要注意的是，惯用手段是指所属技术领域的技术人员在解决某一技术问题时熟知的、惯常采用的、广泛使用的技术手段。如果置换的技术手段与原有技术手段相比，不是被熟知或常用的手段，不能被判定为是惯用手段[1]。

关于查新报告中科学技术要点和查新点的审核，有一点需要说明的是，在实际的查新项目委托受理过程中，科学技术要点和查新点的审核实际主要发生在查新员与委托人协商修改查新委托单这一环节中，相当于将审核"前置"，前置的优点在于审核员可帮助查新员把握委托人所写的科学技术要点和查新点是否表述清晰，就查新员对查新项目的理解进行把关，避免查新员的查新方向"跑偏"。

---

[1] 朱金龙，于磊. 新颖性审查中惯用手段直接置换的适用 [J]. 中国科技信息，2020（19）：24–25.

第三章 查新报告文献检索范围与检索策略审核

检索过程是科技查新程序中的一个至关重要的步骤,检索过程的准确性直接决定了报告结论的准确性,只有准确的检索过程才能撰写出高质量、高价值的报告,故而,每一项查新报告在正式出具之前都应当进行检索过程的审核。本章主要将检索过程审核分为文献检索范围审核和检索策略审核两方面内容,并列举科技查新工作中的实际案例,阐明了如何通过检索工具、检索词、检索式的审核,进而判断查新报告检索过程的质量,旨在系统地表述检索过程审核时应注意的相关事项。

本章知识脉络如图 3-1 所示。

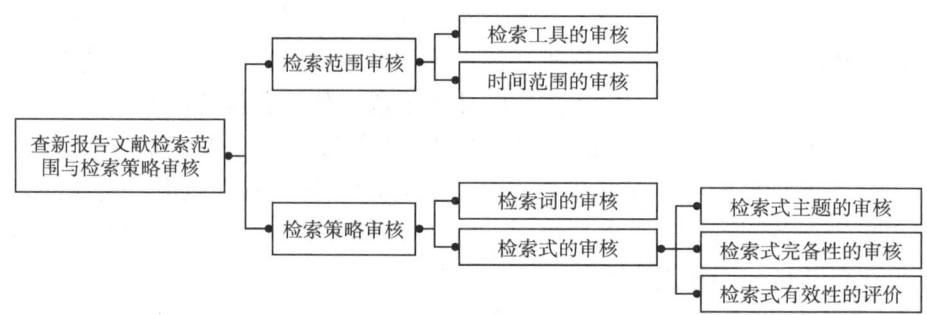

图 3-1 查新报告文献检索范围与检索策略审核知识脉络

第三章 查新报告文献检索范围与检索策略审核

第一节 检索范围审核

文献检索范围就是查新过程中查新员实际使用的检索工具及时间范围。在查新报告中体现为实际使用的检索工具名称和年限。在撰写查新报告时,可以根据查新需求的不同对检索工具进行分类列示。查新范围为国内的可以分为国内必检数据库和互联网资源;查新范围为国内外的可以分为国内必检数据库、国外必检数据库以及互联网资源。具体可参考以下两种版式(图3-2、图3-3)。

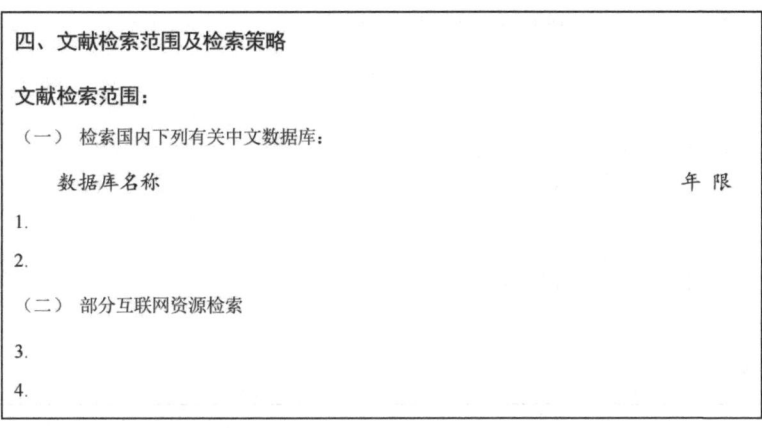

图 3-2 国内查新报告中检索范围示例

> 四、文献检索范围及检索策略
>
> **文献检索范围：**
>
> （一）检索国内下列有关中文数据库：
>
>   数据库名称　　　　　　　　　　　　　　　　　　　年　限
>
> 1.
>
> 2.
>
> （二）检索 Web of Science 及 Engineering Village 平台下列外文数据库：
>
> 3.
>
> 4.
>
> （三）检索 ProQuest Dialog 系统下列有关国外数据库：
>
> 5.
>
> 6.
>
> （四）检索 SciFinder 下列数据库：
>
> 7.
>
> 8.
>
> （五）检索下列部分互联网资源：
>
> 9.
>
> 10.

图 3-3　国内外查新报告中检索范围示例

一、检索工具的审核

  检索工具就是用以报道、存储和查找文献的工具，是检索系统、数据库、搜索引擎、目录、索引、指南等的统称。

  目前在查新工作中使用较多的为数据库和搜索引擎，数据库可简单分为中文数据库和外文数据库。查新员应根据查新项目进行国内或国内外查新列出相关国内和国外数据库，凡检索中涉及的与查新项目相关的国内和国外数据库均应列入查新报告的文献检索范围中，未检索的数据库不得在报告中列出。审核员在审核报告时需要注意查新员在数据库的选择上是否符合以下几种情况。

1. 收录的专业范围是否能够满足查新需要

专业范围主要是指对于查新项目主题涉及的专业技术领域，如化工、医学、机械等。审核员在审核查新报告所列出的数据库时，应注意查看所列数据库是否和查新项目的专业技术领域相关，若所列数据库收录的专业与查新项目专业领域不太相关，应告知查新员进行补检或补列。

【案例 3-1】

查新项目名称：腺苷蛋氨酸

查新点 1：以腺苷为原料，经生物酶（××××）催化生产三磷酸腺苷（ATP），再由 ATP 和 L-蛋氨酸在自选育生物酶（××××）催化下合成腺苷蛋氨酸。

查新点 2：将 ATP 反应器与 SAM 反应器循环偶联进行生产腺苷蛋氨酸工艺，提高了原料的重复利用率，减少了反应液的量，从而降低了废液排放量，易于工业化。

文献检索范围（节选）：

1. 英国科学文摘（INSPEC） 1969—2023
2. 生物学文摘（BIOSIS） 1969—2023
3. 美国医学索引（MEDLINE） 1950—2023
4. 食品科技文摘（FSTA） 1969—2023
5. 德温特世界专利索引（DII） 1963—2023
6. 化工与生物技术文摘（Chemical Engineering & Biotechnology Abstracts） 1995—2011
7. Gale 生物制药期刊数据库（Gale Group PharmaBiomed Business Journals） 1990—2023
8. 全球公共健康数据库（Global Health） 1910—2023
9. 世界药学文摘（International Pharmaceutical Abstracts） 1970—2023
10. 药物研发信息数据库（Adis R&D Insight） 1995—2023
11. 食品科技产品数据库（Foodline®：PRODUCT） 1985—2023
12. 食品科技科学数据库（Foodline®：SCIENCE） 1972—2023
13. PQDT 博硕士学位论文（ProQuest Dissertations and Theses Professional（Module）

14. ProQuest 生物健康科学专业数据库（ProQuest Biological & Health Science Professional）

15. 美国化学文摘（CAplus）　　　　　　　　　　　　　　　1907—2023

案例分析：此项目查新点 1 主要研究内容为以腺苷为原料，经生物酶催化合成腺苷蛋氨酸的反应过程，就反应过程本身而言属于生物化学领域，就反应原料来说腺苷和腺苷蛋氨酸是有机物，所以也属于有机化学领域；查新点 2 主要研究内容为 ATP 反应器与 SAM 反应器用于生产腺苷蛋氨酸，涉及生物反应器，而生物反应器本身的性质属于生物医药类，但其查新点 2 未落在反应器本身的构造及组成上，所以查新点 2 主要涉及微生物领域；腺苷蛋氨酸是一种可以添加到药品、保健品或食品中的成分，故涉及药品及食品领域。此项目选择的专业范围主要涉及化学、生物、医药、食品等领域，此报告选取的数据库基本符合查新要求。

【**案例 3-2**】

查新项目名称：成品油储运设施布局优化体系与合理库存模型研究

查新点 1：从经济性、安全性、适应性和保障性四个维度构建成品油储运设施布局优化综合评价指标体系。

查新点 2：合理库存测算模型按照库存的功能将成品油库存分成了不可动用库存、周转库存、季节性库存和应急库存四大类。

查新点 3：通过 C# 语言开发合理库存测算工具，可分环节测算合理库存水平，可以导出规范的数据采集表。

文献检索范围（节选）：

1. 科学引文索引（SCI-EXPANDED）　　　　　　　　　1900—2023

2. 科技会议录索引（CPCI-S）　　　　　　　　　　　　1991—2023

3. 科技图书引文索引 [Book Citation Index - Science（BKCI-S）]
　　　　　　　　　　　　　　　　　　　　　　　　　　　2005—2023

4. Emerging Sources Citation Index（ESCI）　　　　　　2015—2023

5. 德温特世界专利索引（DII）　　　　　　　　　　　　1963—2023

6. 生物学文摘（BIOSIS）　　　　　　　　　　　　　　1969—2023

7. 英国科学文摘（Inspec）　　　　　　　　　　　　　　1898—2023

8. KCI-Korean Journal Database　　　　　　　　　　　1980—2023

9. 俄罗斯科学引文索引（Russian Science Citation Index） 2005—2023
10. 美国工程索引（Ei Compendex） 1969—2023
11. ABI/INFORM® 专业高级版（ABI/INFORM® Professional Advanced）
12. 水产科学和渔业文摘（ASFA）（Aquatic Science & Fisheries Abstracts（ASFA））
13. 细菌学文摘（微生物学 B）（Bacteriology Abstracts（Microbiology B））
1982—2023
14. 毒理学（BIOSIS® Toxicology）
15. 英国图书馆内部会议（British Library Inside Conferences） 1993—2023
16. 工商业（Business & Industry）
17. CurrentContents® 搜索（Current Contents® Search）
18. 生态学文摘（Ecology Abstracts）
19. 流体工程文摘 [FLUIDEX（Fluid Engineering Abstracts）] 1974—2023
20. 盖尔集团计算机数据库®（Gale Group Computer Database™）
21. Gale Group 新产品公告 /Plus®（Gale Group New Product Announcements /Plus®）
22. 健康与安全科学文摘（Health & Safety Science Abstracts）
23. 国际建筑数据库（ICONDA － International Construction Database）
24. 海洋文摘（Oceanic Abstracts）
25. 聚合物库（Polymer Library）
26. ProQuest 环境科学专业数据库（ProQuest Environmental Science Professional）
27. ProQuest 材料研究专业数据库（ProQuest Materials Research Professional）
28. ProQuest 新闻专业版（ProQuest Newsstand Professional）
29. 运输研究国际文献（Transport Research International Documentation）
1968—2023
30. TULSA™（石油文摘）（TULSA™（Petroleum Abstracts））

审核意见：此项目的查新点 1 主要研究内容为成品油储运设施布局优化综合评价指标体系，涉及能源、运输、建筑、交通领域；查新点 2 主要研究内容为成品油合理库存测算模型，涉及能源、计算机、数学领域；查新点 3 通过 C# 语言开发合理库存测算工具，同样涉及能源、计算机、数学领域。上述文献检索范围中虽包含了部分运输、建筑、计算机领域的数据库，但同时也包含了大量生物、环境、化学、医药等领域的数据库,与此项目技术主题无关,建议查新员重新选取数据库,并重新进行检索。

修改后文献检索范围(节选):
1. 英国科学文摘(Inspec)　　　　　　　　　　　　1898—2023
2. 美国工程索引(Ei Compendex)　　　　　　　　 1969—2023
3. 美国政府研究报告(NTIS)　　　　　　　　　　　1964—2023
4. 科技现刊数据库(Current Contents® Search)　　　1998—2023
5. Gale 计算机数据库(Gale Group Computer Database™)　1983—2023
6. Gale 新产品发布数据库(Gale Group New Product Announcements/Plus®)　　　　　　　　　　　　　　　　　　　　　　1985—2023
7. 计算机与信息系统文摘(Computer and Information Systems Abstracts)
　　　　　　　　　　　　　　　　　　　　　　　　1981—2023
8. 机械与运输工程(Mechanical & Transportation Engineering Abstracts)
　　　　　　　　　　　　　　　　　　　　　　　　1966—2023
9. 运输研究国际文献(Transport Research International Documentation)
　　　　　　　　　　　　　　　　　　　　　　　　1968—2023
10. 美国能源数据库(Ei EnCompassLIT)　　　　　　1999—2023
11. 能源科技(Energy Science and Technology)　　　　1974—2023
12. 石油文摘(TULSA™(Petroleum Abstracts))

案例分析:此报告修改后的数据库的专业领域基本符合查新需求。

2. 收录的地域范围是否能够满足查新需求

地域范围主要是指对于查新项目应当检索的文献出版区域,查新一般分国内查新和国内外查新。需要注意的是在《规范》中仅包含国内查新与国内外查新,取消了原有的国外查新。审核员在审核检索的数据库时,应注意查看查新员是否根据查新项目的查新范围选取了相关的国内或国外数据库。

【案例 3-3】

查新项目名称:新一代 CRM 系统

查新点:新一代 CRM 系统,采用无规律渠道标识,为每一个对接渠道配置唯一的标识,用于渠道对接验证和权限管理;并且系统采用 RabbitMQ

消息中间件技术，消息队列起到服务解耦、限流的作用，保证业务服务器性能稳定以及高性能。

查找是否有以上查新点技术特征的公开文献报道。

文献检索范围（节选）：

（一）检索国内下列有关中文数据库：

1. 中文科技期刊数据库（PSTP）	1989—2023
2. 中国科技成果数据库（CSTAD）	1983—2023
3. 中国专利数据库（PATENT）	1985—2023
4. 中国学术会议论文数据库（CACP）	1986—2023
5. 中国学位论文数据库（CDDB）	1980—2023
6. 万方数字化期刊数据库	1998—2023
7. 中文科技报告	1966—2023
8. 中外标准数据库	
9. 中国学术辑刊全文数据库（知网版）	1975—2023
10. 中国学术期刊（网络版）（知网版）	1915—2023
11. 世纪期刊（知网版）	1915—1993
12. 中国博士学位论文全文数据库（知网版）	1999—2023
13. 中国优秀硕士学位论文全文数据库（知网版）	1999—2023
14. 中国重要报纸全文数据库（知网版）	2000—2023
15. 中国重要会议论文全文数据库（知网版）	2000—2023
16. 中国专利全文数据库（知网版）	1985—2023
17. 中国科技项目创新成果鉴定意见数据库（知网版）	1978—2023
18. 中国年鉴网络出版总库（知网版）	1949—2023
19. 国家标准全文数据库（知网版）	1950—2023
20. 国内外标准题录数据库（知网版）	1919—2023
21. 中国行业标准全文数据库（知网版）	1950—2023

（二）检索下列部分互联网资源：

22. 中华人民共和国国家知识产权局（http://www.sipo.gov.cn）　1985—2023

23. 百度搜索引擎（http://www.baidu.com）

案例分析：此项目为国内查新，检索范围应包含国内必检及相关数据库，同时应该注意检索必要的网络信息。此报告选取的数据库符合该项目的查新需求。

【案例3-4】
　　查新项目名称：有机碳肥
　　查新点1：以浓缩有机废液（酒精废液、酵母废液、味精废液等）为原料，用强氧化裂解法（加入硝酸和双氧水进行反应）或冲击波氨化法进行活化，生产液态有机碳肥，该液态有机碳的有效物质是亲水性微粒子有机碳分子。
　　查新点2：用BFA（生物腐植酸）为发酵剂，对固体有机废弃物（动物粪便、秸秆和工业有机废渣）和浓缩有机废液的混合物进行半厌氧发酵（不翻堆）和高堆焖干，制造含小分子水溶有机碳（以含碳量计）大于等于6%的固态有机碳肥。
　　查找国内外是否有以上查新点技术特征的公开文献报道。
　　文献检索范围（节选）：
　　（一）检索国内下列有关中文数据库：

1. 中国科技成果数据库（CSTAD）	1983—2023
2. 中国学术会议论文数据库（CACP）	1986—2023
3. 中文科技期刊数据库（PSTP）	1989—2023
4. 中国学位论文数据库（CDDB）	1989—2023
5. 中国专利数据库（PATENT）	1985—2023
6. 万方数字化期刊数据库	1998—2023
7. 中国期刊全文数据库（知网版）	1979—2023
8. 中国博士学位论文全文数据库（知网版）	1999—2023
9. 中国优秀硕士学位论文全文数据库（知网版）	1999—2023
10. 中国重要会议论文全文数据库（知网版）	1999—2023
11. 中国重要报纸全文数据库（知网版）	2000—2023
12. 国家科技成果数据库（知网版）	1978—2023

　　（二）检索Web of Knowledge及Engineering Village平台下列外文数据库：

13. 科学引文索引（SCI-E）	1900—2023
14. 会议引文索引（CPCI-S）	1991—2023
15. 生物学文摘（BIOSIS）	1969—2023
16. 食品科技文摘（FSTA）	1969—2023

17. 德温特世界专利索引（DII） 1963—2023
18. 美国工程索引（Ei Compendex） 1969—2023

（三）检索 ProQuest Dialog 系统下列有关国外数据库：

19. 美国政府研究报告（NTIS） 1964—2023
20. 国际农业和生物学中心文摘数据库（CAB ABSTRACTS）1910—2023
21. 国际农业数据库（AGRIS） 1975—2023
22. 美国农业文献联机存取书目型数据库（AGRICOLA） 1970—2023
23. ProQuest 博硕士论文专业（ProQuest Dissertations and Theses Professional）
24. 化工与生物技术文摘（Chemical Engineering & Biotechnology Abstracts）
　　　　　　　　　　　　　　　　　　　　　　　　　　　　　1995—2023
25. 科技现刊数据库（Current Contents® Search） 1998—2023
26. Dialog 全球新闻（Dialog Global Reporter） 2011—2023
27. 法国科学文摘（PASCAL） 1984—2023
28. ProQuest 全球新闻（ProQuest Newsstand Professional） 1983—2023
29. ProQuest 研究（ProQuest Research）
30. 日本专利全文数据库（Japan Patents Fulltext） 1913—2023
31. JAPIO 日本专利文摘数据库（Patent Abstracts of Japan） 1988—2023
32. 德温特世界专利索引（Derwent World Patents Index®） 1963—2023
33. 欧洲专利全文数据库（European Patents Fulltext） 1978—2023
34. 美国专利全文数据库（United States Patents Fulltext） 1976—2023
35. WIPO PCT 专利全文数据库（WIPO PCT Patents Fulltext）1973—2023
36. INPADOC 欧洲专利法律状态信息（INPADOC / Family and Legal Status）
　　　　　　　　　　　　　　　　　　　　　　　　　　　　　1850—2023

（四）检索下列部分互联网资源：

37. 中华人民共和国国家知识产权局（http：//www.sipo.gov.cn）
　　　　　　　　　　　　　　　　　　　　　　　　　　　　　1985—2023
38. 百度搜索引擎（http：//www.baidu.com）

案例分析：此项目为国内外查新，检索范围应包含国内及国外必检及相关数据库，同时应该注意检索必要的网络信息。此报告选取的数据库符合该项目的查新需求。

3. 收录的文献类型是否满足查新需求

用于查新对比的信息主要指国内或国内外公开出版物上发表的文献（不包括使用公开或其他形式的公开），而文献类型则主要包括期刊、会议论文、学位论文、专利、科技成果、科技报告、图书、网络信息等。

审核员在审核查新报告时，可以将查新员选择的数据库分为两种类型来看，一种为必查数据，一种为根据查新项目类型及查新目的而选择的单一文献类型数据库。必检数据库应涵盖期刊、会议论文、学位论文、专利、标准、科技成果、科技报告等文献类型。中文必查数据平台建议包括中国知网、万方数据、维普中文期刊服务平台等。英文必查数据平台建议包括Web of Science、DIALOG、EI等。单一文献类型数据库主要针对有特定检索需求的查新项目，例如，专利查新应选择对专利文献收录全面、更新及时的数据库，标准查新应选择对标准文献收录全面、并提供标准全文查看的数据库，产品查新应选择对产品信息进行加工整理、并可进行全面检索查询的数据库等。

【案例3-5】

中国科学技术信息研究所科技查新报告模板中文献检索范围（节选）：

1. 中国学术辑刊全文数据库（知网版）　　　　　　1975—2023
2. 中国重要会议论文全文数据库（知网版）　　　　2000—2023
3. 中国博士学位论文全文数据库（知网版）　　　　1999—2023
4. 中国优秀硕士学位论文全文数据库（知网版）　　1999—2023
5. 中国专利全文数据库（知网版）　　　　　　　　1985—2023
6. 中国行业标准全文数据库（知网版）　　　　　　1950—2023
7. 国家标准全文数据库（知网版）　　　　　　　　1950—2023
8. 中国科技项目创新成果鉴定意见数据库（知网版）　1978—2023
9. 中国重要报纸全文数据库（知网版）　　　　　　2000—2023
10. 中国图书全文数据库（心可书馆）（知网版）　　1949—2023
11. 中国年鉴网络出版总库（知网版）　　　　　　　1949—2023
12. 百度搜索引擎（http：//www.baidu.com）

案例分析：此案例为中国科学技术信息研究所科技查新报告模板中必检数据库中包含的文献类型，包含了《规范》中建议的期刊、会议论文、学位

第三章 查新报告文献检索范围与检索策略审核

论文、专利、科技成果、科技报告、图书、网络信息等文献类型。

【案例 3-6】

查新项目名称：一种汽车内饰塑料热风焊接装置

查新点 1：汽车内饰塑料热风焊接装置的空气加热装置、焊头结构及铜套（热风包裹装置）采用同轴方式设计，且焊头结构四周采用均匀分布出风口的方式。

文献检索范围（节选）：

10. 中国专利数据库（PATENT）	1985—2023
11. 中国专利全文数据库（知网版）	1985—2023
12. 中华人民共和国国家知识产权局（http：//www.sipo.gov.cn）	1985—2023
13. SOOPAT 专利搜索平台（http：//www.soopat.com）	1985—2023
14. 佰腾网（https：//www.patexplorer.com）	1985—2023

案例分析：此项目查新点为一种装置的机构，根据该项目的专业特点，检索时应侧重于专利的检索，除应选择包含专利文献的综合数据平台外，还应检索国家知识产权局专利检索平台、SOOPAT 专利搜索平台等多个商业专利数据平台。

【案例 3-7】

查新项目名称：IEC 62631-3-4：2019 固体绝缘材料介电和电阻特性第 3-4 部分：高温下测量体积电阻和体积电阻率

查新点 1：IEC 62631-3-4：2019 固体绝缘材料介电和电阻特性第 3-4 部分：高温下测量体积电阻和体积电阻率，提出测试温度达到 800 ℃时采用马弗炉类的电阻炉。

文献检索范围（节选）：

15. 中外标准数据库（万方版）	
16. 国家标准全文数据库（知网版）	1950—2023
17. 国内外标准题录数据库（知网版）	1919—2023
18. 中国行业标准全文数据库（知网版）	1950—2023
19. 中国标准服务网（https：//www.cssn.net.cn/cssn/index）	

20. 全国标准信息公告服务平台（https://std.samr.gov.cn/）

案例分析：此项目为一项标准的查新，除应选择包含标准文献的综合数据平台外，还应检索中外标准数据库、国家标准全文数据库等收录标准的数据库。

4. 提供的检索途径及检索功能是否符合查新需求

根据查新项目的需求，查新员应该选择基本索引及辅助索引提供的检索途径及检索功能符合检索需求的检索工具。例如，查新点为一种机械结构，一般出现在全文中，则应该选择带有全文检索的数据库；查新点为一种化学结构，则应该选择带有图形检索、化学结构检索的数据库。

【案例 3-8】

查新项目名称：无耗气转鼓式干燥机

查新点：一种转鼓式干燥机包括上端盖，筒体，下端盖，隔板，转鼓，蜂窝式硅胶滤芯，电机等结构。经过冷却后湿度较大的压缩空气由下端盖进入转鼓干燥区，并由下端盖排出，干燥加热后的来流压缩空气由上端盖进入转鼓再生区，析出蜂窝式硅胶滤芯水分，最后经过与下端盖相连接的回气管进入来流管。

检索式（节选）：主题＝转鼓*干燥*(机+装置+器+设备+工具+装备) AND 全文＝端盖*筒体*隔板*转鼓*滤芯*电机

审核意见：此项目查新点中所述结构特征可能在全文中描述，应该用带有全文检索功能的数据库着重检索。

【案例 3-9】

查新项目名称：一枝蒿有效成分的研究（化学式检索）

查新点 1：一枝蒿酮酸：$C_{15}H_{20}O_3$，结构式如下：

查新点 2：异一枝蒿酮酸：$C_{15}H_{20}O_3$，结构式如下：

检索范围（节选）：
（五）检索 SciFinder 下列数据库：
10. 美国化学文摘（CAplus）   1907—2023

审核意见：此项目查新点为一种物质的两种结构式，具有化学结构检索功能的数据库为必检库。

5. 利用搜索引擎检索网络资源

网络资源主要是指借助于网络环境可以利用的各种信息资源的总和。查新工作中一般指各种搜索引擎、资讯网页、网站等，例如百度学术、百度搜索等。简单来说就是除了每个查新项目的必检数据库以外的检索资源。增加网络信息检索是十分必要的，主要原因如下：①属于文献范畴，属于查新定义的文献外延之内；②对于新颖性判定，任何人发表的公开文献信息，只要与查新点所述的技术特征相同或实质相同并确认为现有技术，都可以作为否定查新项目新颖性的依据；③网络具有信息资源丰富、信息传递迅速、数据更新及时的优势，而信息资源的丰富性和更新的及时性，也是保障查新工作顺利开展的重要因素，尤其是产品查新、计算机领域等更新迭代快的查新项目，网络信息检索是必要补充。

【案例 3-10】

查新项目名称：六自由度实时稳定平台

查新点：六自由度实时稳定系统是由六自由度运动平台（下平台）和六自由度实时稳定控制系统（上平台）组成，结合 PID 控制算法、运动平台的正反解算法、雅克比矩阵、北斗捷联惯导装置等，提供实时稳定舰船设备的功能。

检索范围：

文献检索范围（节选）：

12. SOOPAT 专利搜索平台（http：//www.soopat.com） 1985—2023

13. 佰腾科技专利检索平台（http：//www.baiten.cn） 1985—2023

14. 百度搜索引擎（http：//www.baidu.com）

检索结果（节选）：

1. 上海赢浩机电设备有限公司．稳定平台－惯导自动调平系统 [EB/OL]. [2019-05-27]. http：//www.y-hao.com/case_209_show.html

六自由度平台下平台模拟船舶海浪数据，上平台通过惯导系统实时调平，保证上台面始终保持水平状态。六自由度调平平台（稳定平台）实现运动载体设备的稳定以保证对目标的精确跟踪，广泛应用于机械、舰载、车载武器等军事领域和空间遥感探测、公安消防、环境监测等领域。如在船舶、军舰上的雷达天线，稳定平台保持惯性水平来保证雷达寻找检测对象；六自由度调平平台（稳定平台）集惯性导航、惯导传感器、数据采集及信号处理、电动缸设计制造、精密机械建模仿真和设计、电机运动控制、六自由度平台正反解运算、图像处理和光学仪器应用等多项技术于一身。

审核意见：很多机械设备会以产品的形式展现在公司主页或产品销售的网站上，通过对网络信息进行检索，找到一篇文献与查新点中所述设备技术特征基本相同。

【案例 3-11】

查新项目名称：一种免疫球蛋白基因重排检测试剂盒

查新点：一种免疫球蛋白基因重排检测试剂盒（毛细管电泳法），用于体外定性检测经福尔马林固定石蜡包埋组织（FFPE）切片中克隆性免疫球蛋白基因重排状态。

检索范围：

文献检索范围（节选）：

18. 中华人民共和国国家知识产权局（http：//www.sipo.gov.cn）

1985—2023

19. 佰腾科技专利检索平台（http：//www.baiten.cn） 1985—2023

20. 百度搜索引擎（http：//www.baidu.com）

21. 国家药品监督管理局（http：//www.nmpa.gov.cn/index.html）

检索结果（节选）：

1. 北京旌准医疗科技有限公司.B/T细胞基因克隆性重排检测试剂盒（毛细管电泳法）[EB/OL]. [2021.4.21]. http：//www.genomeprecision.com/product_info.php？id=1094.

以下内容摘自全文：

目前临床上多数以形态学表征、免疫表型来作为淋巴瘤分型的主要依据，然而很多淋巴瘤的表征是十分相似的，这类方法很难准确鉴别，容易导致误诊。分子诊断技术对于判断淋巴瘤具有独特的客观优势。淋巴瘤来源于淋巴细胞的恶变，恶变后仍然具有淋巴细胞的基本特征，即仍然有免疫球蛋白（Ig，B细胞）或者T细胞受体（TCR，T细胞）基因重排。因此，克隆性重排成为淋巴瘤诊断和鉴别诊断的分子指标，用于检测淋巴瘤或淋巴增生的发生，鉴定良性增生与B细胞/T细胞淋巴瘤，并进行预后及复发的监测和评估。

B/T细胞基因克隆性重排检测产品是唯一的BIOMED-2引物商品化试剂，使用BIOMED-2引物扩增IGH、IGK、IGL、TCRB、TCRD、TCRG等B细胞和T细胞形成过程中的特定基因，所有引物采用相同的扩增条件和检测方法，具有很高的灵敏度和特异性，已被推荐为可疑淋巴组织增生性疾病克隆性分析的标准。毛细管电泳法是以弹性石英毛细管为分离通道，以高压直流电场为驱动力，依据样品中各组分之间淌度和分配行为上的差异而实现分离的电泳分离分析方法。

审核意见：一种生物检测试剂盒，属于一种生物产品，检索数据库及国家食品药品监督总局网站均未见有相同试剂盒的文献，通过网络信息检索，找到一篇文献与查新点中所述试剂盒功能、检测对象、原理、方法均相同，仅扩增的序列有所差异。

6. 文献语种需要注意的情况

语种主要是指对于查新项目应当检索的文献出版语种，一般分中文和外文。需要注意的是前面提及的地域范围主要是指检索文献的出版区域，而不是按语种划分。国内检索范围应包含在中国出版的中英文及其他语种的文献，国外检索范围应包含在中国以外出版的中英文及其他语种的文献。

【案例 3-12】

查新项目名称：兜兰属植物保育关键技术研发及产业化应用

查新点：通过调节激素赤霉素（GAs）或 6-苄基嘌呤（6-BA）的浓度水平对兜兰的开花率、开花时间及花期进行调控，解决兜兰生产上花期与市场错位的问题，提供符合时间需要的兜兰商品花。

文献检索结果（节选）：

1. 萧元川.GA3、BA 与温度对芭菲尔鞋兰开花诱导的影响 [C]. 台中：中兴大学园艺学系所，2013.

摘要：Paphiopedilum philippinense x P. Somers Isles and P. Gloria Naugle, two kinds of hybrids between multiflora and single flower, were used in this study to investigate the effect of GA3, BA, and temperature on flowering of Paphiopedilum, and to detect the changes of carbohydrates during the flowering process. The results showed that GA3 could indeed effectively promote flowering of P. philippinense x P. Somers Isles, with 125 ppm having significant effect. All treatments with GA3 showed 4 to 6 times of bolting rate than the control. But there was no significant effection for the same treatment of GA3 on the species of P. Gloria Naugle. Showed that there is varietal difference for GA3 on the flowering of Paphiopedilum. There was also a dose-appropriate trend for GA3 treatment. Too high concentrations of GA3 caused an excessive elongation of the flower stem, making it slim and lose the value for marketing. Such adverse effects can be ameliorated by delay in BA treatment. Temperature is also a factor that affecting the flowering of Paphiopedilum. Shifted to an adequate higher temperature making plants had a higher flowering rate and earlier bolting after GA3 500ppm treatment. Carbohydrates content of the plant showed in sucrose, glucose, fructose and starch no correlation with the flowering rate. There are no obvious difference for the content of sucrose, glucose, fructose and starch in the base or the middle of leaf between treated group and the control. But the total soluble sugar content and C/N ratio in the base of leaf of the treated groups is obviously higher than the control. Overall, the accumulation and metabolism of carbohydrates is the main factor of flower induction of Paphipedilum. GA possibly promoted to trig on flower initiation throught changing distribution and metabolism of carbohydrates. Adequate higher temperature is conducive to the effection of GA3, and, also effected the flower organ development after flower initiation. In addition, the total soluble sugar content and C/N ratio in the base of leaf of the treated groups is obviously higher than the control. And, the content of sucrose of the leaf base was less than half of the middle, but the content of total soluble sugar and glucose were higher than the middle. It suggested that, paphiopedilum prefered to utilize sugar which is produced directly from photosysthesis as an energe metabolite during flowering process, and the base of leaf is the main portion of the source.

案例分析：此项目选取的对比文献中，文献1的语种虽为英文，但其出版地为中国，故按国内文献处理。

【案例3-13】
查新项目名称：胃肠道恶性肿瘤分期、疗效和预后评价的影像关键技术创新与应用

查新点1：联合局部进展期直肠癌新辅助治疗前后两次MRI的T2图像影像组学特征和ADC值特征建立了淋巴结转移的预测模型。

文献检索结果（节选）：

1. Sun YS, Zhang XP, Tang L（Peking Univ, Key Lab Carcinogenesis & Translat Res）.Locally Advanced Rectal Carcinoma Treated with Preoperative Chemotherapy and Radiation Therapy: Preliminary Analysis of Diffusion-weighted MR Imaging for Early Detection of Tumor Histopathologic Downstaging[J] RADIOLOGY, 2010, 254（1）: 170-178.

摘要: Purpose: To determine whether changes in apparent diffusion coefficients（ADCs）of rectal carcinoma obtained 1 week after the beginning of chemotherapy and radiation therapy（CRT）correlate with tumor histopathologic downstaging after preoperative CRT. Materials and Methods: This prospective study was approved by an institutional review board; informed consent was obtained from all patients. Thirty-seven patients（mean age, 54.7 years; 13 women, 24 men）with primary rectal carcinoma who were undergoing preoperative CRT were recruited for the study. Diffusion-weighted（DW）magnetic resonance（MR）imaging was performed with a 1.5-T MR imager in all patients before therapy, at the end of the 1st and 2nd week of therapy, and before surgery. Tumor ADCs were calculated.

Linear mixed-effects modeling was applied to analyze change in ADCs and volumes following treatment. Results: Patients were assigned to the tumor downstaged group ($n = 17$) or the tumor nondownstaged group ($n = 20$) on the basis of histopathologic examination results following surgery. Before CRT, the mean tumor ADC in the downstaged group was lower than that in the nondownstaged group (1.07×10^{-3} mm^2/sec ± 0.13 [standard deviation] vs 1.19×10^{-3} mm^2/sec ± 0.15, $F = 6.91$, $P = 0.013$). At the end of the 1st week of CRT, the mean tumor ADC increased significantly from 1.07×10^{-3} mm^2/sec ± 0.13 to 1.32×10^{-3} mm^2/sec ± 0.16 ($F = 37.63$, $P < 0.001$) in the downstaged group, but there was no significant ADC increase in the nondownstaged group ($F=1.18$, $P= 0.291$). The mean percentage of tumor ADC change in the downstaged group was significantly higher than that in the nondownstaged group at each time point ($F=18.39$, $P<0.001$). Conclusion: Early increase of mean tumor ADC and low pretherapy mean ADC in rectal carcinoma correlate with good response to CRT. DW MR imaging is a promising noninvasive technique for helping predict and monitor early therapeutic response in patients with rectal carcinoma who are undergoing CRT.

案例分析：此项目选取的对比文献中，文献1的发表单位虽为北京大学，但其出版地为国外，故按国外文献处理。

此外，还有几种类型的案例需要注意。第一种，查新范围为国内，查新点为一种技术在具体工程中的应用，检索到一篇文献，此文献发表单位为国内企业，文中提及具体工程为海外工程，施工单位为该国内企业，文献发表的期刊为国外期刊，按照《规范》中规定，此文献按国外文献处理。第二种，查新范围为国内，查新点为一种技术，检索到一篇文献提及了该种技术，但该文献中对于该技术的描述为引用国外文献部分内容，故不影响查新点的新颖性。第三种，查新范围为国内，查新点为一种技术，检索到一篇文献为国内出版的中文文献，但其原版为国外文献，某杂志购买版权将其翻译发表，因为出版地包含国内，故该文献影响查新点的新颖性。

二、时间范围的审核

1. 文献的时间范围

《规范》中规定,检索文献的时间范围应当以查新项目所属专业的发展情况和查新目的为依据,一般应从查新委托之日或指定日期起回溯检索 15 年以上,对于新兴学科、高新技术项目,回溯年限可酌情缩短;对于较成熟的技术和专利进行查新时,回溯年限应酌情延长。但在实际工作中,由于受到委托方需求、数据库收录情况、查新员专业领域知识储备等因素的影响,无法准确判断回溯年限,年限选择有误可能导致漏检,故建议查新员对于时间范围的选择可采取以下两种方式来处理。

第一种,如委托方提出限定检索时间范围的要求,要求在某一特定时间段内检索,那么可以按照委托方的需求设定检索时间。

【案例 3-14】

查新项目名称:道路交通事故现场处理系统

查新点 1:交通事故现场照片拍摄方法。用装有"一种照相机标尺镜"的照相机,刻有纵横间距相等的网状线,标注数字,从而使所拍物体的大小尺寸得以快速推算。运用方位照相或概览照相的方法,以相互垂直或平行的角度对现场进行交叉四个方向拍摄四张照片,对现场和现场物件进行定位固定,其中最少有两张照片为相互垂直的方式,用于对现场和现场物件进行定位。

查新点 2:道路交通事故现场图自动生成系统,硬件包括照相机、扫描仪、计算机和打印机。系统软件的内核功能集测量、使用国标交通事故图形符号库建立现场图模型、车辆技术参数库的输入和调用对现场图的校正调整、现场图的绘制及自动生成、打印等多功能于一体。

查找国内 2005 年之前有否以上查新点技术特征的公开文献报道。

文献检索范围(节选):

1. 中文科技期刊数据库(PSTP)	1989—2005
2. 中国科技成果数据库(CSTAD)	1983—2005
3. 中国专利数据库(PATENT)	1985—2005
4. 中国学术会议论文数据库(CACP)	1986—2005
5. 中国学位论文数据库(CDDB)	1980—2005

6. 万方数字化期刊数据库　　　　　　　　　　　1998—2005
7. 中文科技报告　　　　　　　　　　　　　　　1966—2005
8. 中外标准数据库
9. 中国学术辑刊全文数据库（知网版）　　　　　1975—2005
10. 中国学术期刊（网络版）（知网版）　　　　　1915—2005
11. 世纪期刊（知网版）　　　　　　　　　　　　1915—1993
12. 中国博士学位论文全文数据库（知网版）　　　1999—2005
13. 中国优秀硕士学位论文全文数据库（知网版）　1999—2005
14. 中国重要报纸全文数据库（知网版）　　　　　2000—2005
15. 中国重要会议论文全文数据库（知网版）　　　2000—2005
16. 中国专利全文数据库（知网版）　　　　　　　1985—2005
17. 中国科技项目创新成果鉴定意见数据库（知网版）　1978—2005
18. 中国年鉴网络出版总库（知网版）　　　　　　1949—2005
19. 国家标准全文数据库（知网版）　　　　　　　1950—2005
20. 国内外标准题录数据库（知网版）　　　　　　1919—2005
21. 中国行业标准全文数据库（知网版）　　　　　1950—2005

第二种，如果委托方未提出限定检索时间的需求，那么设定的检索时间一般应从查新委托之日起回溯到数据库能回溯的最早年限。

【案例 3-15】

查新项目名称：多元融合的分布式"云"管理仓储平台

查新点 1：通过射频识别技术（RFID）、监视技术、数据同步技术、测控技术和 GIS 辅助决策技术，对物品追踪管理、按类别对货品进行追踪管理、对托盘运输中的追踪管理、库存物品可视化管理建立综合仓库物联化信息管理平台。

查找国内有否以上查新点技术特征的公开文献报道。

文献检索范围（节选）：

1. 中文科技期刊数据库（PSTP）　　　　　　　　1989—2023
2. 中国科技成果数据库（CSTAD）　　　　　　　1983—2023
3. 中国专利数据库（PATENT）　　　　　　　　　1985—2023
4. 中国学术会议论文数据库（CACP）　　　　　　1986—2023

5. 中国学位论文数据库（CDDB） 1980—2023

6. 万方数字化期刊数据库 1998—2023

7. 中文科技报告 1966—2023

8. 中外标准数据库

9. 中国学术辑刊全文数据库（知网版） 1975—2023

10. 中国学术期刊（网络版）（知网版） 1915—2023

11. 世纪期刊（知网版） 1915—1993

12. 中国博士学位论文全文数据库（知网版） 1999—2023

13. 中国优秀硕士学位论文全文数据库（知网版） 1999—2023

14. 中国重要报纸全文数据库（知网版） 2000—2023

15. 中国重要会议论文全文数据库（知网版） 2000—2023

16. 中国专利全文数据库（知网版） 1985—2023

17. 中国科技项目创新成果鉴定意见数据库（知网版） 1978—2023

18. 中国年鉴网络出版总库（知网版） 1949—2023

19. 国家标准全文数据库（知网版） 1950—2023

20. 国内外标准题录数据库（知网版） 1919—2023

21. 中国行业标准全文数据库（知网版） 1950—2023

2. 检索工具的更新周期是否符合查新需求

查新员需充分了解各个数据库的特征，其中更新周期是非常重要的选择标准，一般需要注意两种情况：一是数据库更新不及时，更新周期过长，对于很多发展较快的技术来说，这类数据库不能及时检索到最新相关文献，将会影响查新报告结论；二是很多停止更新的数据库，要根据技术发展情况进行选择，如查新的技术方案为该数据库停更后出现则没必要检索。

第二节　检索策略审核

检索策略审核的目的在于审核员通过自身的工作经验以及对查新项目的理解，从查新员提炼检索概念是否准确全面、检索式是否充分反映查新点的主题内容等方面，对查新员的检索过程进行检验和补充，尽量避免漏检、误检，保证查新报告的准确性、客观性。同时，在检索策略的审核中，审核员也可以从查新员比较好的检索策略中学习到新的检索知识和方法，并将这种知识传授给其他查新员，提升团队的整体效率和查新员的能力。

一、检索词的审核

检索词就是用于描述文献特征和表达用户信息需求的检索语言的基本成分，是构成检索式最基本的单元，包括关键词、规范词、分类号、化学物质登记号及文献外部特征词等。

审核员在进行检索审核时应主要查看检索词的准确性和全面性。查新员在选择检索词时可参考查新委托人提供的检索词，结合数据库的特点，充分利用已有的工具书（如词表、辞海、术语标准、词典、百科全书、手册、分类法等），将检索概念转化为数据库可以识别的具体检索词。

检索词选择应注意以下事项：

1. 尽量选择行业内惯用的专业术语、专指词或特定概念，尽量选择数据库中的规范词，广泛列举同义词、近义词、替代词、缩写词、相关词、上位词、下位词，并注意英美单词的不同拼写方式等

（1）行业内惯用的专业术语、专指词或特定概念

例如：螺栓、螺母、通孔。

（2）规范词

例如：胶粘剂、粘合剂、粘结剂、粘附剂、粘接剂、胶合剂、胶结剂、粘胶剂、黏合剂、粘着剂、粘固剂。

（3）同义词、近义词

例如：乙酰水杨酸、阿司匹林、阿斯匹林。

（4）替代词、缩写词

例如：聚合酶链式反应、PCR。

（5）相关词

例如：苹果、梨、香蕉。

（6）上位词、下位词

例如：上位词（消炎药、抗菌药、抗生素）；

下位词（左氧氟沙星、氧氟沙星、环丙沙星、加替沙星、恩诺沙

星、培氟沙星、莫西沙星、氟哌酸)。

(7) 外来词、音译词

例如:Boltzmann、玻尔兹曼、玻耳兹曼、波尔兹曼、波尔茨曼。

(8) 隐性词

例如:显性(不锈钢);

隐性(耐热钢)。

【案例 3-16】

查新项目名称:一种治疗子宫内膜薄性不孕症(肾阴阳两虚证)的中药复方6类新药研发

查新点:开发一种治疗子宫内膜薄性不孕症(肾阴阳两虚证)的中药复方6类新药,剂型为中药合剂或口服液,处方由淫羊藿、女贞子、玉竹、桑葚、阿胶、覆盆子、西洋参、黑豆、槐花、蝙蝠蛾拟青霉菌丝体粉等组成。

检索词(节选)

淫羊藿;仙灵脾;放杖草;弃杖草;千两金……

女贞子;女贞实;冬青子;蜡树……

玉竹;玉术;山玉竹;笔管子;十样错;竹七根;竹节黄……

桑葚;桑葚子;桑蔗;桑枣;桑果;桑泡儿;乌椹……

阿胶;阿井胶、陈阿胶、驴皮胶、传致胶……

黑豆;乌豆;枝仔豆;黑大豆……

槐花;洋槐花;钉子槐;法皂荚……

检索结果(节选):

1. 湖北凤凰白云山药业有限公司.程雪翔.一种药物组合物的新用途:CN103520487A[P]. 2014-01-22.

摘要:一种以淫羊藿、女贞子、玉竹、黑大豆、槐花、桑葚、覆盆子、西洋参、阿胶和蝙蝠蛾拟青霉菌丝体粉为主要原料的药物组合物在制备用于治疗卵巢储备功能下降和/或促进子宫内膜发育的药物中的新用途。上述药物组合物可用于增加卵巢储备功能,并通过改善妇科内分泌功能及增加子宫内膜厚度来促进内膜发育,具有广阔的临床应用前景。

案例分析:此项目查新点所述中药组合物中提及"黑豆",但是文献中采用的为"黑大豆",通过补充同义词,检索到密切相关文献,实现检索的准确性。

【案例 3-17】

查新项目名称：石灰石高效率、低粉尘均匀破碎技术的研发

查新点 1：在进破碎机前方增加一台筛缝辊，通过筛缝辊的转动自动提前筛除一部分泥质石料和泥巴，减少由于泥巴等原因堵破碎机筛板的风险。

检索策略

（一）检索词

水泥

破碎机；破碎

筛缝辊；筛辊；辊筛

（二）检索式

1.FT=水泥*（破碎机+破碎）*筛缝辊

2.水泥*（破碎机+破碎）*（筛缝辊+筛辊+辊筛）

3.水泥 破碎机 筛缝辊

注：检索式3仅用于百度搜索引擎检索

查新结论（节选）：

所查相关文献中，文献1报道了水泥矿山破碎系统提产降耗改造，提及了破碎机，但未提及查新点中的筛缝辊。

文献2报道了煤矸石的分级分质技术研究；文献3报道了波动辊式给料机筛分段的改造；文献4报道了机械预分级技术装备在节能粉磨系统中的应用与实践；文献5报道了MMD破碎机在露天矿的应用；文献6报道了新型辊筛破碎机；上述五篇文献均提及了破碎机，但均非查新点中的水泥石灰石破碎研发，同时也均未提及为筛缝辊的技术特征。

综上，在以上国内文献检索中，本次检索未见有与该项目查新点所述技术特征完全相同的国内公开文献报道。

审核意见："筛缝辊"这个词的准确性存疑，技术要点中提及的是筛分设备，通过搜索引擎及数据库查到了"筛分辊"这个词，审查员认为该词可能是用户打字错误，正确写法应该是"筛分辊"，故用该错词检索不到相关文献。用了"筛分辊"进行检索，查到一些文献，这些文献中有提及"筛分系统后侧为破碎系统"的技术特征，该报告可能存在漏检情况，建议重新检索。

修改后检索策略：

（一）检索词

水泥

破碎机；破碎

筛分辊；筛辊；辊筛

（二）检索式

1. FT= 水泥 *（破碎机 + 破碎）*（筛分辊 + 筛辊 + 辊筛）

2. 破碎机 and 筛分辊

修改后查新结论（节选）：

所查相关文献中，文献 1 报道了一种煤矿巷道输送破碎系统，其筛分系统后侧为破碎系统。文献 2 报道了……

综上，在以上国内文献检索中，本次检索已见有文献提及了一种煤矿巷道输送破碎系统，其筛分系统后侧为破碎系统……

2. 中文检索词应注意切词，外文检索词应注意截词，2 个以上单词组成的词组应注意使用位置算符，对于专业名词，注意采用固定短语和精准检索等方式

（1）中文切词

【案例 3-18】

闪烁晶体：闪烁晶体 + 闪烁 * 晶体

粒径分布：粒径分布 + 粒径 * 分布

（2）外文截词

【案例 3-19】

radia = radiation or radiate or radiant or radiance or irradiation or eradiate

3. 对标引分类号的文献，可根据数据库所采用的分类法选择相应的分类号。检索国内非专利文献一般采用中图法分类号，检索专利文献可以选择相应的国际专利分类号和其他专利分类号

【案例 3-20】

查新项目名称：无耗气转鼓式干燥机

查新点 1：一种转鼓式干燥机包括上端盖，筒体，下端盖，隔板，转鼓，蜂窝式硅胶滤芯，电机等结构。经过冷却后湿度较大的压缩空气由下端盖进入转鼓干燥区，并由下端盖排出，干燥加热后的来流压缩空气由上端盖进入转鼓再生区，析出蜂窝式硅胶滤芯水分，最后经过与下端盖相连接的回气管进入来流管。

查新点 2：无耗气吸附式干燥系统设置有真空发生器和转鼓式干燥机，两者之间通过管道连接，并配备水冷换热器、气液分离器和电加热干燥器，通过对除湿转鼓干燥再生，达到压缩空气无损耗、节能的目的。

检索词（节选）：

真空发生器；换热器；分离器；干燥器；无耗气；吸附；系统

F26B　　从固体材料或制品中消除液体的干燥

　　21/00　　干燥固体材料或制品用的空气或气体的供应或控制装置

　　21/08　　··湿度

B01D　　分离

　　53/00　　气体或蒸汽的分离；从气体中回收挥发性溶剂的蒸汽；废气例如发动机废气、烟气、烟雾、烟道气或气溶胶的化学或生物净化

　　53/26　　将气体或蒸汽干燥

检索式：

1. SU=转鼓*干燥*（机+装置+器+设备+工具+装备）AND FT=端盖*筒体*隔板*转鼓*滤芯*电机

2. 转鼓*干燥*（机+装置+器+设备+工具+装备）*（端盖+筒体+隔板+转鼓+滤芯+电机）*（回气管+来流管+转鼓干燥区+来流压缩空气+转鼓再生区）*（冷却+干燥+加热+过滤+析水+滤水）

3. FT=（端盖+筒体+隔板+转鼓+滤芯+电机+回气管+来流管）*（冷却+干燥+加热+过滤+析水+滤水）*（转鼓干燥区+来流压缩空气+转鼓再生区）

4.（空气+气体）*压缩*（真空发生器+转鼓）*（换热器+分离器+干燥器）

5. [（空气+气体）*压缩+无耗气+吸附]*（干燥+除湿）*（系

统＋机＋装置＋器＋设备＋工具＋装备）＊（真空发生器＋转鼓）＊（换热器＋分离器＋干燥器）

6. F26B21/08 and 转鼓 and 干燥
7. B01D53/26 and 干燥 and 吸附 and 转鼓

审核意见：检索策略中引用国际专利分类号来保证检索的准确性。

4. 检索式中出现的检索词应该全数出现在检索词列表中，尽量按照出现在检索式中的顺序排列

【案例 3-21】

查新项目名称：利用废旧硅酸铝棉及其制品制备陶瓷纳米衬里和保温管壳

查新点：通过表面改性和颗粒醇化技术将废旧硅酸铝棉及其制品（硅酸铝纤维毯和折叠块）制备成可再用纤维材料，包括陶瓷纳米纤维喷涂衬里、陶瓷纳米纤维硬板、陶瓷纳米纤维涂抹料、陶瓷纳米纤维管壳、陶瓷纤维喷涂衬里、陶瓷纤维硬板、陶瓷纤维涂抹料和陶瓷纤维管壳，应用于石化窑炉及管道保温。

检索词（节选）：

废旧

waste；wasted

硅酸铝棉；硅酸铝纤维；硅酸铝纤维毯；硅酸铝折叠块；硅酸铝

aluminum silicate wool；aluminum silicate fiber；aluminosilicate fibre；alumina silicate fiber；aluminium silicate；Al_2SiO_5；$Al_2O_3 \cdot SiO_2$

再生；回收；再利用

regeneration；regenerated；regenerate；recycling；recycle；rebirth；regeneratively；recuperation；recovery；recover；reclaim；retrieve；retrieval；restoration；reuse

醇化

alcoholization；methanolysis

表面改性

surface modification；surface modified；surface treatment；surface modify；surface modifications

石化；石油化工

petrochemical；petrochemicals；petrochemistry；petroleum chemical industry；

petroleum chemical

窑炉

furnace；kiln

管道

pipeline；pipe；piping；pipes；conduit；canal

保温；绝热；隔热

heat insulation；insulation；heat preservation；thermal insulation

陶瓷

ceramics；ceramic；porcelain

二、检索式的审核

检索策略就是分析检索需求，选择检索工具，确定检索词，明确各检索词之间的逻辑关系与查找步骤的科学安排。狭义上检索策略是指检索式。检索式是检索策略的具体体现，是表达用户检索提问的逻辑表达式，通常由检索词及检索工具所规定的各种逻辑算符、截词符、位置算符以及其他连接组配符号等构成的计算机可识别并可执行的检索语句。

那么如何确定检索式？根据查新项目的技术主题和数据库要求，组配检索词，确定各个检索词之间合理的逻辑关系，构成正确的检索表达式。应根据每个查新点的内容从不同角度构造多个检索式，通常由严格到宽松，经反复试检、字词拆分、更替、组配、字段调整确定最终检索式。编制检索式应当满足准确、规范和全面这几点要求。

1.检索式主题的审核

（1）提炼主题的准确性

提炼主题是指查新员应认真阅读查新项目的资料，了解查新项目的科学技术要点，仔细分析查新委托人提出的查新点，在明确委托人检索要求的基础上，围绕查新项目的主题，依据查新点进行概念分析，从主题和查新点中提炼出最具代表性和指示性的检索概念，充分反映查新项目的主题内容。检索概念提取的正确与否决定了检索的方向是否契合或偏离主题。审核员首先要判断查新员提取检索概念的准确性。

第三章 查新报告文献检索范围与检索策略审核

【案例 3-22】
查新项目名称：免疫球蛋白基因重排检测试剂盒（毛细管电泳法）
查新点：一种免疫球蛋白基因重排检测试剂盒（毛细管电泳法），用于体外定性检测经福尔马林固定石蜡包埋（FFPE）组织切片中克隆性免疫球蛋白基因重排状态。

1）检索概念提取准确

检索式（节选）：
（免疫球蛋白 or IG or 抗体）and（核酸 or 基因 or DNA）and 重排 and 试剂盒 and（福尔马林固定石蜡包埋组织 or FFPE or FFPET or 石蜡 or 切片 or 毛细管电泳 or CE or HPCE）

检索结果：
1. 免疫球蛋白基因重排检测试剂盒（毛细管电泳法）．（苏州云泰生物医药科技有限公司．国械注准 20203400736）
型号规格：20 测试 / 盒。
结构及组成 / 主要组成成分：核酸扩增试剂：免疫球蛋白重链 APCR 反应液、免疫球蛋白重链 BPCR 反应液、免疫球蛋白重链 DPCR 反应液、免疫球蛋白 k 轻链 APCR 反应液、免疫球蛋白 k 轻链 B PCR 反应液、质控 PCR 反应液、DNA 聚合酶液。
适用范围 / 预期用途：本产品用于体外定性检测人福尔马林固定石蜡包埋组织（FFPE）切片样本中克隆性免疫球蛋白基因重排状态，用于 B 细胞非霍奇金淋巴瘤的辅助诊断，主要包括：弥漫性大 B 细胞淋巴瘤、结外边缘区黏膜相关淋巴组织淋巴瘤、滤泡性淋巴瘤、套细胞淋巴瘤、慢性淋巴细胞白血病 / 小淋巴细胞淋巴瘤。
审批部门：国家药品监督管理局
批准日期：2020-09-11
有效期至：2025-09-10
2. 苏州云泰生物医药科技有限公司，上海源奇生物医药科技有限公司．陶慧卿，熊慧，谢立群，等．用于检测人免疫球蛋白基因重排的毛细管电泳试剂盒及其使用方法：CN110656161A[P].2020-01-07.
3. 北京旌准医疗科技有限公司．B/T 细胞基因克隆性重排检测试剂盒

（毛细管电泳法）[EB/OL].[2021-04-21]. http：//www.genomeprecision.com/product_info.php？id=1094.

审核意见：此项目查新点的重点为"一种免疫球蛋白基因重排检测试剂盒"，检索主题为"免疫球蛋白基因重排检测试剂盒"，技术特征包含"福尔马林固定石蜡包埋组织"、"毛细管电泳"，检索式1中检索概念提取准确，检索词之间的逻辑关系合适。检索密切相关文献，检索结果有效，证明客观有力。

2）检索概念提取偏离主题

检索式：

1.（免疫球蛋白+Ig+IG+IgH+IgL+IGH+IGL）*基因重排*（PCR+聚合酶链式反应）*（毛细管电泳+凝胶电泳）

2.（免疫球蛋白+Ig+IG+IgH+IgL+IGH+IGL）*基因重排*（毛细管电泳+凝胶电泳）*（非霍奇金淋巴瘤+NHL）

3.（免疫球蛋白+Ig+IG+IgH+IgL+IGH+IGL）*基因重排*（PCR+聚合酶链式反应）*（非霍奇金淋巴瘤+NHL）

检索结果：

1. 马杰，魏冰，夏庆欣（河南省肿瘤医院病理科）. 多重引物PCR和异源双链毛细管电泳技术在B细胞淋巴瘤诊断中的应用[J]. 医药论坛杂志，2011，32（7）：3-6.

2. 张静，张太明，杨飞，等（复旦大学附属肿瘤医院病理科）. 毛细管电泳–基因扫描分析在淋巴瘤T细胞受体基因重排检测中的应用[J]. 中华病理学杂志，2013，42（9）：615-617.

3. 陈杰，郑可，张文燕，等（四川大学华西医院病理科）. 毛细管电泳基因扫描和凝胶电泳异源双链分析在免疫球蛋白/T细胞受体基因重排检测中的应用研究[J]. 西部医学，2016，28（11）：1489-1494.

审核意见：上述3个检索式中检索概念提取偏离主题，检出的文献大多数会偏向于"毛细管电泳法在免疫球蛋白基因重排检测中的应用研究"，文献类型偏向于研究性期刊论文，而委托方需要我们查证的是有无同类产品的文献报道，报道产品的文献类型偏向于专利，根据检索结果中选列的文献可以看出，证明方向发生偏离，证明逻辑出现问题，无法充分、有力证明该查新点的新颖性。

（2）提炼主题常见问题

查新员在提炼主题时常出现以下几类问题：

1）主题过大

【案例 3-23】

查新项目名称：智能交通管理平台

查新点：基于 HADOOP 框架进行视频大数据分析处理技术。

检索式：HADOOP and 视频 and 分析

检索结果（节选）：

参照用户提供的检索词及相关数据库词表的规范词，按上述检索策略查找了国内 21 个有关数据库并结合互联网资源检索，查出国内文献 287 篇，均提及了"HADOOP 对视频大数据分析处理"。

审核意见：提炼的主题编辑成检索式后，检索到文献量过多，查新员如需看完全部文献，需要耗费大量的时间和精力，故应该从增加检索要素的方面着手，筛选掉大量一般相关文献或噪音文献。本检索式没有完成文献的筛选。

【案例 3-24】

查新项目名称：旋转蓄热式氧化炉的开发和设计

查新点：开发了一种旋转蓄热式氧化炉，该设备调节方便、热量回收利用效率高。

检索式：旋转 and 蓄热 and 氧化炉

检索结果（节选）：

1. 常州利昇环境科技有限公司.段英杰，焦延斌，孙鹏召，等.旋转式蓄热氧化炉：CN306564244S[P].2021-05-25.

2. 天津天迈节能设备有限公司.王宜志，黄宏，屈晓禹，等.一种旋转蓄热式热力氧化炉：CN212987247U[P].2021-04-16.

3. 上海兰宝环保科技有限公司.许永童，郑庆华，王凯，等.旋转式蓄热式氧化炉：CN212029538U[P].2020-11-27.

4. 四川源之蓝环保科技有限公司．李俊波．旋转蓄热式热氧化炉：CN306183546S[P].2020-11-20.

5. 天津天迈节能设备有限公司．王宜志，黄宏，屈晓禹，等．一种旋转蓄热式热力氧化炉：CN111765483A[P].2020-10-13.

6. 江苏乐尔环境科技股份有限公司．李鸿勃，李占锋．一种基于卧式蓄热氧化炉提升阀原理的旋转蓄热氧化炉：CN211345353U[P].2020-08-25.

7. 冀晓东．旋转式蓄热氧化炉：CN207262466U[P].2018-04-20.

审核意见：检索到很多主题相同的文献，无法与查新项目进行对比，直接否定查新项目的新颖性，建议增加一些关于该设备的结构创新点，将这些作为检索词，筛选文献的同时也可以作为对比的特征。

2）主题过窄

【案例3-25】
查新项目名称：大米发酵生产酒精的工艺研究
查新点：大米发酵工艺条件——温度、压力、时间。
检索式：大米 and 发酵 and 温度 and 压力 and 时间

审核意见：提炼的检索概念可能出现在全文中的非检索字段，例如全文的表格中，表格中的数据若未被标引，或者表格为图片格式，则这两种情况均无法命中所用检索词，造成检索结果为零或者漏检的情况。

3）使用自造词检索

自造词是相对于词库中已经收藏的词语而言的，指的是由提供者自己编创出的新词，新词事先并未存在于词库中。例如委托方根据物质的形态、属性、用途等特征组成的词，或者自己对事物进行命名等。

【案例3-26】
查新项目名称：一种颗粒注凝成型石英陶瓷坩埚
查新点：一种颗粒注凝成型石英陶瓷坩埚制备工艺
原检索式：颗粒注凝成型石英陶瓷坩埚
检索结果（节选）：
参照用户提供的检索词及相关数据库词表的规范词，按上述检索策略查找了国内 21 个有关数据库并结合互联网资源检索，查出国内文献 0 篇。

审核意见：此查新项目的查新点中提及的"颗粒注凝成型石英陶瓷坩埚"为自造词，由多个词组合而成，应分解成"颗粒""注凝成型""石英""陶瓷""坩埚"，编辑成检索式"颗粒 and 注凝成型 and 石英 and 陶瓷 and 坩埚"，检索到 1 篇密切相关文献。

修改后的检索式：颗粒 and 注凝成型 and 石英 and 陶瓷 and 坩埚

检索结果（节选）：

1. 孔令珂，曹伟，刘兵，等. 江西中材太阳能新材料有限公司. 超高体密注凝成型石英陶瓷坩埚 [Z]. 项目立项编号：20142CX16300. 鉴定单位：江西省科学技术厅. 鉴定日期：2018-03-25.

摘要：本项目在原有注凝技术基础上，通过对料浆技术、级配设计和成型技术等进行研究，引入大颗粒级配开发高固相含量低有机物含量料浆并采用颗粒注凝成型技术，制备具有大颗粒均匀结构、体密在 1.90g/cm^3 以上的超高体密注凝成型石英陶瓷坩埚。

【案例 3-27】

查新项目名称：玻璃钢烟道结构分析程序 FRP V2.0

查新点：FRP V2.0 版软件主要功能是生成 ANSYS 中用以玻璃钢烟道的建模、加载、提取结果的命令流文件，使得玻璃钢烟道结构设计和分析工作能够更加自动化。

检索式：FRP V2.0 and 玻璃钢 and 烟道 and 设计

检索结果（节选）：

参照用户提供的检索词及相关数据库词表的规范词，按上述检索策略查找了国内 21 个有关数据库并结合互联网资源检索，查出国内文献 0 篇。

审核意见：FRP V2.0 为自命名的一款软件，根据查新点中所述内容以及与委托方进行沟通，确定这款软件为一种可以设计或优化玻璃钢烟道结构的软件，根据该软件的用途、功能等其他特征修改检索式，检索目标文献为同类软件的报道。

修改后检索式：（玻璃钢+玻璃纤维增强塑料+FRP+GFRP）*（烟道+排风道+通风道+住宅排气道）*（设计+优化）*（软件+系统+平台）

检索结果（节选）：

1. 廖玲. 玻璃钢烟道的结构设计及其优化 [D]. 湖北：武汉理工大学，2011.

摘要：本文结合某新建2×300MW机组具体工程案例，进行"烟塔合一"玻璃钢烟道设计的讨论。以有限元分析软件ANSYS为平台，进行玻璃钢烟道整体结构的稳定性分析、静力计算，对烟道性能进行评价。分析不同因素对结构强度和稳定性的影响，并对烟道管身进行变厚度优化设计。

2. 何学，邓京兰，罗树青，等（武汉理工大学）.ANSYS二次开发在玻璃钢烟道设计中的应用 [J]. 玻璃钢/复合材料，2015（8）：55-58.

摘要：利用APDL语言对ANSYS进行二次开发，使用VB语言设计出关于玻璃钢烟道的界面程序。在界面里只需要输入相关参数，就可以快速实现玻璃钢烟道的参数化建模、计算以及后处理。借助这种二次开发，可以大大缩短烟道设计周期，提高设计效率。

4）望词生意

"望词生意"从词语表面意思来看，一眼看见某个词语就认为是它的意思，但很多只是比喻性的描述，与事物的本质存在较大差异。

【案例3-28】

查新项目名称：聚烯烃合成纸浆及其用途

查新点：一种聚烯烃合成纸浆，它包括用不饱和羧酸或其衍生物接枝改性的聚烯烃树脂。

检索式：聚烯烃合成纸浆

检索结果（节选）：

1. 深圳市星源材质科技股份有限公司. 聂君兰. 可用于制造电池隔膜的聚烯烃合成纸浆：CN101245567[P].2008-08-20.

2. 三井化学株式会社. 中川德彦，庄司昌纪，妹尾利一，等. 聚烯烃合成纸浆及其用途：CN1252470[P]. 2000-05-10.

审核意见：采用"聚烯烃合成纸浆"进行检索，检出文献较少，聚烯烃合成纸浆其实为聚烯烃树脂组合物,该聚烯烃树脂组合物包括60w%～100w%乙烯、不饱和羧酸的共聚物和10w%～50w%聚乙烯树脂。可以从其组成上进行补充检索。

5)概念不规范

即虽然为惯用概念,但从专业上来说,表述并不规范,常常会造成漏检的情况。

【案例3-29】

查新项目名称:针灸治疗腹部术后胃肠功能紊乱效果分析

查新点:针灸治疗腹部术后胃肠功能紊乱效果分析

检索式:针灸 and 胃肠功能紊乱

审核意见:针灸:针法(针刺)+灸法(艾灸),检索式中应加入"(针法 or 针刺) and (灸法 or 艾灸)",通过检索式的修改,可以避免描述为"采用针刺和艾灸结合治疗腹部术后胃肠功能紊乱"类型文献的遗漏。

通过上述案例可以看出,提炼主题这一环节如果出现问题,往往会导致检索方向的偏离,从而影响检索结果,造成查新点证明逻辑不成立,进而无法证明查新点的新颖性。如何准确提炼主题,这里给大家列举一个提炼主题最常用的方法,该方法可以按照4个步骤进行:语文语法→基本概念/重要概念→扩展概念→组配。

【案例3-30】

查新项目名称:一种中药口嚼片

查新点:抑制青少年口腔异味的中药口嚼片,仅含有金银花、甘草、薄荷三种中药,辅以甜味剂、稳定剂等。

首先将查新点进行拆分,可以分解出多个概念,这些概念就是检索词。

检索词:金银花、甘草、薄荷、中药、口腔、异味、口臭、口嚼片

审核意见:查新员在确定检索词/式时,应先将检索概念进行区分,确认哪些是基本概念,哪些是重要概念,并对这些概念进行扩展(下述内容仅用于展示如何扩展检索词,检索词的列举并非全部),由此制定检索式。例如:

金银花、忍冬、金银藤……

甘草、国老、甜草……
薄荷、野薄荷、夜息香……
口腔异味、口臭……
口嚼片……
检索式：金银花 and 甘草 and 薄荷 and 口嚼片 and（口腔 or 异味 or 口臭）
2. 检索式完备性的审核
（1）检索式的准确性
查新员所制定的检索式应能够准确反映查新项目技术主题和与之相关的查新点。

【案例 3-31】

查新项目名称：二维码在电力工程基建档案管理中的应用

查新点：将二维码应用到电力工程基建档案中，发挥档案的作用，提供及时准确的利用。

检索式：（二维码＋二维条码）＊电力＊（基建＋工程）＊档案

审核意见：查新员根据查新点内容，从中提取出"二维码"、"电力"、"基建"和"档案"几个主题词，并对其进行相应扩充制定检索式。审核员在审核查新员制定的检索式时，应注意查看查新员所确定的检索词以及制定的检索式是否与项目的技术主题相关。

（2）检索式的规范性
查新员所制定的检索式应能够适应所查数据库的索引体系和检索用词规则，注意检索式中所涉及的逻辑符、截词符均需按照数据库中的格式，检索式实际选择的字段需要注明。

【案例 3-32】

查新项目名称：缝洞型油藏数值模拟技术

查新点 1：发了缝洞型碳酸盐岩油藏模拟器 KarstSim 的并行模拟器，并行化主要通过网格分区、大型线性方程解法和处理器之间信息通讯 3 个部分实现，同时借助了 Aztec 库和 METIS 软件。

检索式（节选）：

KarstSim*Aztec*METIS

审核意见:"*"在 SCI 数据库中用于表示截词符,不能表示单词与单词之间的逻辑关系,应改为 KarstSim and Aztec and METIS。

【案例 3-33】

查新项目名称:个体年龄关联 DNA 甲基化位点优化及检测体系初步构建

查新点 1:筛选中国汉族人群 TRIM59,RASSF5,C1orf132,PDE4C,CCDC102B,ELOVL2,Chr10:22334463/65 上的 9 个 DNA 甲基化位点,采用多元线性回归构建中国汉族年龄个体推断模型。

检索式(节选):

1.(基因 +DNA+ 脱氧核糖核酸)* 甲基化 * 年龄 *(线性回归分析 + 非线性回归分析 + 回归分析 + 预测 + 推断 + 判断 + 法医)

2. 题名:甲基化 * 年龄

3. SU=(基因 +DNA+ 脱氧核糖核酸)* 甲基化 * 年龄 AND FT=(线性回归分析 + 非线性回归分析 + 回归分析)

4.(gen* or allele or DNA or deoxyribonucleic or desoxyribose nucleic acid)and(methylat* or permethylat*)and(age or aetas)and(predict* or predica* or predetermine* or forecast* or prognos* or anticipating or infer* or deduce or extrapolate or judg* or estimat* or decision)and(regress* analy*)and(TRIM59 or RASSF5 or C1orf132 or PDE4C or CCDC102B or ELOVL2 or Chr10)

5. 题名:(gen* or allele or DNA or deoxyribonucleic or desoxyribose nucleic acid)and(methylat* or permethylat*)and(age or aetas)and(predict* or predica* or predetermine* or forecast* or prognos* or anticipating or infer* or deduce or extrapolate or judg* or estimat* or decision or forensic or medicolegal or legal medicine or medical jurisprudence)

6. ti, ab, su, clm(gen* or allele or DNA or deoxyribonucleic or desoxyribose p/0 nucleic p/0 acid)and ti, ab, su, clm(methylat* or permethylat*)and ti, ab, su, clm(age or aetas)and ti, ab, su, clm(regress* n/1 analys*)and ti, ab, su, clm(predict* or predica* or forecast* or prognos* or anticipat* or infer* or deduce or extrapolate or judg* or estimat* or decision)

7. ti(gen* or allele or DNA or deoxyribonucleic or desoxyribose p/0 nucleic p/0 acid)and ti(methylat* or permethylat*)and ti(age or aetas)

案例分析：此项目在实际检索中，采用了主题检索、题名检索、主题组合全文检索等多种检索字段，在撰写报告时需要在检索式中标明所检索的字段。

（3）检索式的全面性

查新员在制定检索式时应通过多角度、多字段组合方式来进行检索。审核员在审核查新员制定的检索式时首先应注意查看其检索角度是否准确，然后再查看检索角度是否全面。

【案例3-34】

查新项目名称：天曲牌红曲绿茶提取物片

查新点：天曲牌红曲绿茶提取物片产品是以红曲、绿茶提取物、富硒酵母为主要原料制成的，具有辅助降血脂的功能的保健食品。

检索式：

1. FT=（保健品+保健食品+功能食品）*（红曲+丹曲+福曲+红大米+红槽+红米+赤曲）*（绿茶提取+绿茶萃取+茶多酚+儿茶素+表没食子儿茶素没食子酸酯+EGCG）*（富硒酵母+有机硒+硒）*（降低血脂+降血脂+调节血脂）

2. （保健品+保健食品+功能食品）*（红曲+丹曲+福曲+红大米+红槽+红米+赤曲）*（绿茶提取+绿茶萃取+茶多酚+儿茶素+表没食子儿茶素没食子酸酯+EGCG）*（降低血脂+降血脂+调节血脂）

3. （保健品+保健食品+功能食品）*（红曲+丹曲+福曲+红大米+红槽+红米+赤曲）*（富硒酵母+有机硒+硒）*（降低血脂+降血脂+调节血脂）

4. （保健品+保健食品+功能食品）*（绿茶提取+绿茶萃取+茶多酚+儿茶素+表没食子儿茶素没食子酸酯+EGCG）*（富硒酵母+有机硒+硒）*（降低血脂+降血脂+调节血脂）

5. FT=（红曲+丹曲+福曲+红大米+红槽+红米+赤曲）*（绿茶提取+绿茶萃取+茶多酚+儿茶素）*（富硒+有机硒+硒）

审核意见：对于此查新点，查新员从原料组成等多个角度进行检索，并分别利用主题字段和全文字段进行检索。

3.检索式有效性的评价

检索策略确认后可以进入具体数据库实施检索。检索初步实施后,应当对检索策略的有效性进行初步评价:发现密切相关文献可确定本次检索有效;仅发现一般相关文献可确定本次检索部分有效,需进一步优化检索策略确认是否真的不存在密切相关文献;未发现相关文献一般需重新梳理检索过程。对于后两种情况,可以分别从关键词途径和分类号途径检索,然后对检索结果互相验证。

(1)停止检索

检索过程中出现下列情形之一时,可以按照先后顺序决定是否停止检索:
①找到一篇否定符合单一性原则的查新项目的全部查新点的对比文献。

【案例 3-35】

查新项目名称:听力缺失疾病模型及白色品系小型猪的建立

查新点:获得由 MITF 基因 p. L247S 突变导致的瓦登伯格氏综合征 2 型疾病模型猪(巴马小型猪)。

检索结果(节选):

4.祁蒙.通过 ENU 化学诱变在广西巴马小型猪中获得人类瓦登伯格氏综合征 2 型听力缺失疾病模型 [D]. 北京:中国科学院大学, 2014.

摘要:以广西巴马小型猪作为模式动物,通过 ENU 化学诱变剂处理雄性个体,在其与野生型母猪交配得到的 1119 头 F1 后代中筛选得到一头肤色白化、虹膜颜色变淡、听力缺失的广西巴马小型猪突变体,通过家系组建验证了这个表型具有可遗传性且遗传模式为常染色体显性遗传。通过文献调研与分析,认为该突变家系与人类瓦登伯格氏综合征的表型与遗传模式相符合。通过全基因组关联分析结合连锁分析,将突变区域定位到 Chr13:48M-58M;在该区域内有一个与人类瓦登伯格氏综合征相关的基因 MITF。对 MITF 进行外显子测序发现,在其第 8 个外显子 CDS740bp 处发现一个新的突变位点(T>C),这个突变导致 MITF 第 247 位的亮氨酸突变为丝氨酸。该突变位点在家系内 238 头 F2 群体中对突变体和野生型的分型成功率为 100%。遗传学的研究进一步证实了该家系为瓦登伯格氏综合症Ⅱ型突变家系。F2 突变群体交配获得的 F3 纯合子除了肤色白化和听力缺失之外,还表现出眼球发育不全的表型。通过耳蜗病理学切片的方法对该家系突变体听力缺失的原因进行了研究,切片结果显示:听力缺失的突变体耳蜗内毛细胞缺失、倒伏和融合，与毛细胞连接的盖膜也表现出部分缺失现象并丧失了与耳蜗毛细胞的连接。通过 ENU 化学诱变、突变体筛选、家系组建、表型测定和遗传机制研究，成功获得了人类瓦登伯格氏综合征 2 型的广西巴马小型猪疾病模型，该模型具有肤色白化、虹膜颜色变淡和听力缺失的表型。耳蜗病理学切片的结果显示，突变体的听力缺失与耳蜗毛细胞和盖膜的缺失有关，获得的突变体家系可以作为临床上听力缺失研究的实验动物。

审核意见：此报告中检索到一篇文献与查新点中所述研究内容完全相同，认为找到了密切相关文献，本检索结果符合审核要求。

②找到两篇或者多篇与查新项目查新点相关的对比文献，所属领域的技术人员能够容易地把它们结合起来，认为它们清楚地公开了符合单一性原则的查新项目的全部查新点。

【案例 3-36】
查新项目名称：防脱式 T 型球墨铸铁管机械化承插施工工法

查新点：防脱式 T 型球墨铸铁管机械化承插施工工法，通过插口位置用吊带固定动、定滑轮，改变起重机牵引力的作用方向，将竖向牵引力变为管道上下摆动的作用力，进行反复承插施工，防脱承插口采用两种硬度相结合的固嵌橡胶圈，利用硬橡胶内的钢齿块固定管道内壁，软橡胶变形填充密实空隙，产生摩擦力抵抗轴向张力，提高密封性同时防止滑脱。

检索结果（节选）：

1. 重庆建工市政交通工程有限责任公司，重庆建工集团股份有限公司. 向起来，陈小波，李志强，等. 一种安装 T 型球墨铸铁管的施工方法：CN108612910B[P]. 2020-04-10.

摘要：本发明涉及市政给水等技术领域，特别涉及一种安装 T 型球墨铸铁管的施工方法，特别适用于一些对工期要求高的管网项目，安装施工流程包括以下步骤：施工准备→管道吊运入槽→承插准备→滑轮组合牵引系统设计→滑轮组安装→机械牵引→检查验收，机械化作业提高施工效率，通过滑轮组改变力的作用方向，将竖向牵引力变为水平拉力，使竖向提升设备能够完成水平牵引工作，将效率更高的竖向提升设备替代人工小型机具进行作业，极大地提升了施工速度，原理简单，操作方便，投入成本低。

2. 中国人民解放军第三五三一工厂. 史春喜，渠向江，武建东. T 型防滑脱橡胶密封圈：CN2472031[P].2002-01-16.

摘要：本实用新型涉及一种管道的密封圈。这种 T 型防滑脱橡胶密封圈包括硬胶、软胶，其改进之处是在硬胶内设有金属滑块，且金属滑块的外露部分为锯齿形，沿管道插口安装方向为顺向。当由于地壳变动或其他因素引起管道插口沿轴向外移（即拔脱）时，通过金属滑块锯齿的逆向及管件承插口的共同作用，使插口无法产生轴向外移，达到防滑脱的效果。

审核意见：此报告中检索到两篇文献分别与查新点中所述技术特征部分相同，认为找到了一般相关文献，这两篇文献结合后，完全覆盖查新点的全部内容，本领域技术人员可以将其非常容易地结合，同时查新员与审核员均认为不能找到密切相关文献（单篇文献覆盖查新点的全部内容）的前提下，本检索结果符合审核要求。

③从委托人提供或其他的公开文献中发现了否定查新项目查新点的对比文献。

【案例 3-37】

查新项目名称：消肿止痛贴质量标准与用药形式的技术升级

查新点：用圣草酚 -7- 甲醚、异樱花素和乙醇制得对照品溶液，用消肿止痛贴制取供试品溶液，将两种溶液注入高效液相色谱仪，生成以圣草酚 -7- 甲醚为参比峰的对照指纹图谱。

检索结果（节选）：

1. 亚宝药业集团股份有限公司 . 周海燕，周丽娟，杨芮平，等 . 一种止痛贴剂的指纹图谱及其质量检测方法：CN105510488A[P].2016-04-20.

摘要：本发明提供了一种止痛贴剂有效成分的测定方法及指纹图谱的建立方法，包括对照品溶液的制备、供试品溶液的制备、测定等步骤，其中高效液相色谱仪的色谱柱以十八烷基硅烷键合硅胶为填充剂，流动相为乙腈 -0.2% 甲酸，按照特定程序进行梯度洗脱，流动相的流速为 0.8 mL/min-1.2 mL/min，柱温 30 ℃～ 40 ℃，检测波长：（290±3）nm。本发明所选择的流动相和洗脱梯度是经过实验验证的，和现有技术比较，能够同时满足止痛贴剂中指纹图谱检测和两种黄酮类有效成分的含量测定。

以下内容摘自全文：一种消肿止痛贴剂有效成分的测定方法，其特征在于，包括以下步骤：（1）对照品溶液的制备：称取圣草酚 -7- 甲醚、异樱花素对照品，加乙醇制得混合对照品溶液；（2）供试品溶液的制备：取消肿止痛贴的药贴，粉碎，过筛，加入乙醇溶液，提取20～50 min，放至室温，加乙醇补足减失的重量，摇匀，过滤，取滤液，蒸干，残渣加入乙醇溶解，摇匀即得供试品溶液；（3）测定法：吸取混合对照品溶液和供试品溶液，注入高效液相色谱仪，得到色谱图，其中，所述高效液相色谱仪的色谱条件如下：色谱柱以十八烷基硅烷键合硅胶为填充剂，流动相：乙腈–0.2%甲酸为流动相，进行梯度洗脱。（4）生成对照指纹图谱：选择合格的多批消肿止痛贴剂的指纹图谱，以圣草酚–7–甲醚为参比峰，得到11个共有峰的图谱，按中位数法计算生成标准对照指纹图谱。

审核意见：此报告中检索到一篇文献与查新点中所述技术特征相同，但该文献为查新项目委托方发表的，认为不否定查新项目新颖性，查新员与审核员均认为不能找到其他单位或个人发表时间早于该文献的公开报道的前提下，本检索结果符合审核要求。

④查新机构认为不可能找到密切相关的对比文献。

【案例3-38】

查新项目名称：主要有机酸风味对酱香白酒饮后舒适度影响评价模型的建立与应用

查新点：基于神经递质对运动行为和情绪调控响应机制的科学理论和研究基础，建立评价酱香型白酒主要风味成分对饮后舒适度影响差异的体内和体外研究方法和模型，探究有机酸类型和含量对酱香型白酒饮后舒适度的影响机理，应用于不同类型酒类产品的饮用品质分析评价和提升。

检索结果（节选）：

1. 徐佳楠，杨帅，倪永培，等（新疆农业大学食品科学与药学学院；中国食品发酵工业研究院有限公司；安徽迎驾贡酒股份有限公司）.影响迎驾贡酒饮后舒适度的关键酒体成分研究[J].酿酒科技，2019，（12）：23-28+31.

摘要：通过对饮酒后小鼠自主行为变化以及酒精代谢程度的比较研究，对迎驾贡酒不同产品及其他浓香型白酒产品的饮后舒适度进行评价，同时结合酒体风味成分的主成分分析（PCA），对酒样在饮后行为及酒精代谢中起关键作用的酒体风味成分初步研究确定，以期为迎驾贡酒产品品质提高提供数据基础。研究表明，迎驾贡酒不同产品及其他浓香型白酒之间在小鼠饮酒后的精细行为参数行动距离、行动距离比、血浆乙醇及乙醛含量方面存在显著差异性（$P<0.05$），迎驾贡酒 A 产品饮后行为表现适度放松，酒精代谢较快，血液中乙醛转化积累量较低，初步推测与其酒体中异戊醇等醇类物质、异戊醛等醛类物质含量较低，己酸等酸类物质含量较高，乙酸乙酯等酯类物质在酸酯比例协调性中起主要作用有关。

审核意见：此报告中检索到一篇文献与查新点中所述技术特征相同最多，认为找到了一般相关文献，查新员与审核员均认为不能找到密切相关文献的前提下，本检索结果符合审核要求。

（2）调整检索策略

从科技发展的规律来看，科学的继承性使得任何技术的发展和成果的取得都不能完全脱离于前人的工作。也就是说，任何一项科研都是在另一项科研基础上有所创新和发展。对于文献检出量偏低、检索不到相关文献，即为零的课题，要究其原因，应重新考量检索策略。宜采用由严密到宽松的方法，逐一排查所增加的主题概念是否合理。可以从以下几个方面进行修改，检索词选择不当或组配不正确；检索系统选择不当；检索途径单一或限定过小。

①当检索结果太多且相关度不高时，需缩小检索范围：增加限制的检索概念，使用逻辑"与"连接更多的检索词；使用位置或字段限制，使用短语检索，限制检索范围（如分类、时间、地域等）；选用下位词等；化学结构式的图形检索。

②当检索结果太少时，需扩大检索范围：去掉不重要的检索概念；补充同义词、近义词，选用上位词或其他相关词；去除已有的字段限制（如文献类型、出版年、语种等）或位置限制；改变或增加检索途径，如使用分类检索；采用截词技术；新增检索的相关数据库等。

③当检索结果为零时：应重新审核检索策略和检索词，搞清同类研究范围，调整检索词和检索式，尝试改变检索途径；延长检索年限和回溯期；利用搜索引擎及其他网络资源等进行补充检索；人工搜集刊物、专辑、汇编、简报等；检索扩大到上位概念领域或相关领域。

第四章　查新报告检索结果和查新结论审核

查新结果与查新结论的表述是否客观、全面，对于最终查新报告的质量有着较大影响。本章主要从检索结果审核和查新结论审核两个方面，对查新报告中查新结果和结论审核进行了较为详细的介绍，旨在系统地表述进行实质审核时应注意的相关事项。

本章知识脉络如图 4-1 所示。

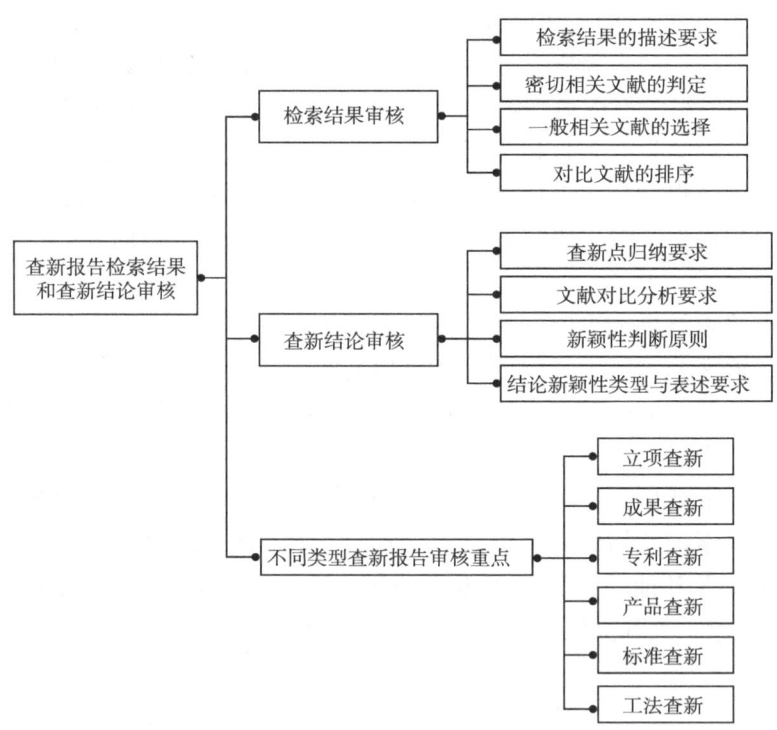

图 4-1　查新报告检索结果和查新结论审核知识脉络

第四章 查新报告检索结果和查新结论审核

查新报告审核的核心关键在于，检索结果是否筛选出了所能查到的最密切相关的文献而无遗漏，报告结论是否依据检索策略所对应的不同角度进行了必要的考量，整个结论是否用连贯流畅的逻辑关系，层次分明地描述清楚了全部检索过程并恰当、全面地讨论了检索过程所反映出的查新目标领域与查新点相关的结构状况或层次状况。查新报告写出来不是单个所查文献的简单对比，而是把单篇文献结合查新点相关领域的各个层次，整体地进行了环环相扣的演进分析，从而体现出不同查新机构的报告质量和水平。查新分析结论的深度从低到高一般常见有两种层次：描述性分析和解释性分析，而更高层次的分析（评估性分析和预测性分析）可能需要具有专业技术背景的行业专家或技术人员才行。

查新报告是一种个性化的情报分析产品。查新员与审核员对查新报告结果结论的客观性与出报告的效率之间有一个平衡的问题。为此，审核员对报告内容审什么？这里提供一些参考意见。

第一节　检索结果审核

检索结果分为检索结果归纳和相关文献列示两部分。

检索结果归纳的审核主要看填写的数据库数量、文献数量、附件页数是否与实际数量相符。一般查新报告中检索结果归纳的表述方式为：

参照用户提供的检索词及相关数据库词表的规范词，按上述检索式查找了国内/国内外××个有关数据库并结合互联网资源检索，查出国内文献××篇（详见国内查新附件，共××页），国外文献××篇（详见国外查新附件，共××页）。本报告选列相关文献××篇，其篇名及简要内容如下：

查新报告中检索结果列示的相关文献就是对比文献，即判定查新项目新颖性时，可以用来与查新项目进行比较分析的相关文献。对比文献包括密切相关文献和或一般相关文献。

一、检索结果的描述要求

在检索结果的描述方式上,审核员在审核报告时应注意查新员对于检索结果的表述是否遵循了以下原则:

(1)所列的每篇相关文献均应有适当的内容描述:为了弥补某些相关文献缺少文摘或文摘过简的缺陷,对检索结果的描述经常需要调阅原文,从中提取关键数据及涉及项目查新点的若干细节内容(如具体成分、工艺、配方、指标等)。密切相关文献在引用文摘的同时,应将原文中与查新点具有可比性的核心内容、指标数据等摘引其中。

(2)一般相关文献可直接从文摘或原文中简要引用之后需要进行文献对比的主要内容。

(3)对检出的外文相关文献应有足够深度的中文表述:描述文献时应突出重点,尽量避免将文摘中过多无关的内容不加取舍全部引用,并应当纠正显而易见的错误。关于产品的形状、构造或者其结合等内容的查新,检索结果多为与查新点相关的实用新型,若仅用文字描述则比较抽象难懂,最好在文字描述后附上图示,这样在对比分析时也能一目了然。

除上述内容外,综述性文献一般不建议将其作为对比文献列示在检索结果中。

【案例 4-1】

查新项目名称:××××通信能力研发服务项目

查新点:混合 NACK/FEC 模式处理:接收端根据帧大小和接收时延估计可用带宽,发送端根据可用带宽、丢包和 RTT 等反馈计算分配保护开销(protection overhead,包括 FEC bitrate、NACK bitrate)和视频编码码率各占的比率。

审核前检索结果(节选):

1.容联研发部.实时视频应用之 QoS 关键技术分析[EB/OL].(2016-04-05)[2019-04-26].https://mp.weixin.qq.com/s?__biz=MjM5NzA1MTcyMA==&mid=403576799&idx=1&sn=4447ef01fb33884277582b9207b428be#rd.

摘要:容联云通信是国内最早且通信能力最全的 PaaS 服务商,在推出音视频通话这一关键能力时,更加注重保证 QoS,提升用户体验。该文主要介绍为保证 QoS,在音视频传输和处理过程中采用的关键技术。

审核后检索结果（节选）：

1. 容联研发部. 实时视频应用之 QoS 关键技术分析 [EB/OL]. （2016-04-05）[2019-04-26]. https://mp.weixin.qq.com/s?__biz=MjM5NzA1MTcyMA==&mid=403576799&idx=1&sn=4447ef01fb33884277582b9207b428be#rd.

摘要：容联云通信是国内最早且通信能力最全的 PaaS 服务商，在推出音视频通话这一关键能力时，更加注重保证 QoS，提升用户体验。该文主要介绍为保证 QoS，在音视频传输和处理过程中采用的关键技术。文中提到，在处理丢包问题时，更为可行的方案是混合 NACK/FEC 模式，接收端根据帧大小和接收时延估计可用带宽，发送端根据可用带宽、丢包和 RTT 等反馈计算分配保护开销（protection overhead，包括 FEC bitrate、NACK bitrate）和视频编码码率各占的比率。

审核意见：检索结果中相关文献的描述应包括可与查新点进行对比的核心内容，如文献摘要不能完全覆盖，需从原文中摘录相应内容进行补充。

【案例 4-2】

查新项目名称：幽门螺杆菌（Hp）核酸检测试剂盒（荧光 PCR 法）

查新点：一种幽门螺杆菌核酸检测试剂盒，用于体外定性检测经福尔马林固定石蜡包埋的胃黏膜活检组织中的幽门螺杆菌核酸。

审核前检索结果（节选）：

1. 幽门螺杆菌（Hp）核酸检测试剂盒（荧光 PCR 法）××××××公司 国械注准 20183400477）

审核后检索结果（节选）：

1. 幽门螺杆菌（Hp）核酸检测试剂盒（荧光 PCR 法）（××××××公司 国械注准 20183400477）

适用范围/预期用途：用于体外定性检测经福尔马林固定石蜡包埋的胃黏膜活检组织中的幽门螺杆菌核酸。

审批部门：国家药品监督管理局

批准日期：2018-11-07

有效期至：2023-11-06

审核意见：虽然相关文献的标题与查新项目一致，但查新点中涉及该产品在用途上更具体的技术特征，仅依靠文献标题无法作出新颖性判断，因此，检索结果中也要对其进行完整的表述。

【案例4-3】

查新项目名称：HIV/AIDS影像学创新理论体系研究与临床推广应用

查新点2：无症状神经认知缺损（ANI）患者脑白质损伤病理改变的弥散张量成像（DTI）研究。

审核前检索结果（节选）：

16. Zhu Tong, Zhong Jianhui, Hu Rui, et al（Univ Rochester）.Patterns of white matter injury in HIV infection after partial immune reconstitution：a DTI tract-based spatial statistics study[J].JOURNAL OF NEUROVIROLOGY，2013，19（1）：10-23.

摘 要：50 participants（nadir CD4 counts a parts per thousand currency sign200 cells/mm（3），on a stable antiretroviral regimen for at least 12 consecutive weeks prior to study）and 13 HIV negative participants underwent a comprehensive neurological evaluation followed by diffusion tensor imaging（DTI）. Eighty-four percent of the 50 HIV participants were neurologically asymptomatic（HIVNA）and 16% had mild cognitive impairment（HIVCI）. Tract-based spatial statistics（TBSS）on DTI data revealed that mean diffusivity（MD）increased significantly in the posterior aspect of both hemispheres in HIVNA compared to controls. This study highlights that in partial immune reconstitution，injury to the CNS is present even in those that are neurologically asymptomatic and there are discrete spatial patterns of white matter injury in HIVNA subjects compared to HIVCI subjects. Our results also show that quantitative analysis of DTI using TBSS is a sensitive approach to evaluate HIV-associated white matter disease and thus valuable in monitoring central nervous system injury.

审核后检索结果（节选）：

16. Zhu Tong, Zhong Jianhui, Hu Rui, et al（Univ Rochester）.Patterns of white matter injury in HIV infection after partial immune reconstitution：a DTI tract-based spatial statistics study[J].JOURNAL OF NEUROVIROLOGY，2013，19（1）：10-23.

摘 要：50 participants（nadir CD4 counts a parts per thousand currency sign200 cells/mm（3）, on a stable antiretroviral regimen for at least 12 consecutive weeks prior to study）and 13 HIV negative participants underwent a comprehensive neurological evaluation followed by diffusion tensor imaging（DTI）. Eighty-four percent of the 50 HIV participants were neurologically asymptomatic（HIVNA）and 16 % had mild cognitive impairment（HIVCI）. Tract-based spatial statistics（TBSS）on DTI data revealed that mean diffusivity（MD）increased significantly in the posterior aspect of both hemispheres in HIVNA compared to controls. This study highlights that in partial immune reconstitution, injury to the CNS is present even in those that are neurologically asymptomatic and there are discrete spatial patterns of white matter injury in HIVNA subjects compared to HIVCI subjects. Our results also show that quantitative analysis of DTI using TBSS is a sensitive approach to evaluate HIV-associated white matter disease and thus valuable in monitoring central nervous system injury.

原　文：In addition, the neurological and neuropsychological evaluation was used to classify HIV-infected individuals according to the AIDS Dementia Complex（ADC）staging. An ADC of 0 or 0.5 identifies patients that are neurologically and functionally asymptomatic（HIVNA, $n=42$）while an $ADC \geq 1.0$ reflects the presence of both cognitive and functional impairment（HIVCI, $n=8$）. These patients would usually fall within the HIV-associated mild neurocognitive disorder using the HIV-associated neurocognitive disorders classification（Antinori et al. 2007）.

该文基于TBSS方法分析DTI，研究了HIV感染部分免疫重建后的白质损伤模式，其中提到，50名HIV参与者中，84%的人神经系统无症状，16%有轻度认知障碍。原文中进一步作出说明：ADC值为0或0.5表示患者神经功能无症状（HIVNA, $n=42$），而ADC值≥ 1.0表示患者存在认知和功能障碍（HIVCI, $n=8$）。根据HIV相关神经认知障碍分类（2007年最新研究分类），这些患者通常属于HIV相关的轻度神经认知障碍。

审核意见：

（1）对检出的外文相关文献，除对摘要中的核心内容进行原语言摘引外，还应有足够深度的中文表述。

（2）如果根据摘要内容与查新点进行比对，得不到明确的结论，还需要对原文进行摘引并附加中文表述。

【案例4-4】
查新项目名称：HIV/AIDS影像学创新理论体系研究与临床推广应用
查新点1：使用TBSS方法对SIV-mac239感染恒河猴进行纵向队列弥散张量成像（DTI）白质异常研究。
审核前检索结果（节选）：

1.唐振超.基于模式识别和统计分析的临床辅助诊断研究[D].山东：山东大学，2019.

摘要：近年来，医学图像处理量化分析越来越多地被应用于临床辅助诊断中，从医学图像中提取和疾病病理生理相关的潜在信息，有利于构建临床辅助诊断预测模型，有助于辅助临床医生应对繁重临床工作，进一步提高临床诊断准确率。基于此，本研究论文开展了基于模式识别和统计分析方法的临床辅助诊断应用研究。主要研究内容包括：（1）基于双重差分分析的局部进展期直肠癌接受新辅助化疗疗效预测研究，对局部进展期直肠癌接受新辅助化疗后治疗效果的准确评估对后续手术方案的制定至关重要。本研究首先对病人接受新辅助化疗前后的扩散加权图像进行量化分析处理，然后采用基于双重差分分析的特征选择方法从高维特征中筛选出能够特异性反映新辅助化疗治疗效果的关键影像学特征，最终基于关键影像学特征采用弹性网逻辑斯特回归模型构建了扩散加权图像预测模型对新辅助化疗效果进行预测。此外，本研究还基于临床特性指标构建了临床预测模型、基于关键临床特性指标和关键影像学标签构建了组合预测模型。和之前研究相比，扩散图像预测模型取得了较高的预测准确率和阳性预测值；相比于扩散图像预测模型，结合临床信息和影像信息的组合模型进一步提高了预测效果，基于该预测模型辅助制定的手术决策可以使得病人获得临床收益。（2）基于多尺度量化分析和套索回归分析的肾肿瘤良恶性诊断预测研究，诊断区分乏脂型肾血管平滑肌脂肪瘤与恶性肾细胞是临床上的挑战性问题之一。本研究从肾肿瘤的CT增强图像中提取了四种不同尺度下基于灰度直方图的量化特征（一阶统计学特征）、基于纹理分析的量化特征（二阶统计学特征）和基于Laws'滤波的量化特征（高阶统计学特征）三大类特征，并分别基于不同特征组合集构建了肾肿瘤良恶性诊断预测模型，研究不同尺度和特征组合对肾肿瘤良恶性预测效果的影响。研究结果表明所构建多尺度分析肾肿物良恶性辅助诊断模型的平均预测准确率达 91.81%，灰度直方图特征结合纹理分析特征和 Laws'分析特征是乏脂型肾血管平滑肌脂肪瘤的有力预测指标，同时不同尺度对预测效果的影响并不显著。（3）基于纤维束示踪和多变量分析检测艾滋病感染致白质损伤，艾滋病感染导致的白质损伤是患者认知障碍发生的重要原因之一，我们采用基于纤维束示踪和多变量分析的方法检测了艾滋病感染导致的白质损伤。首先，采用了猴免疫缺陷病毒感染恒河猴模型进行了纵向白质损伤检测，以期对人类大脑在染病过程中的白质损伤机制提供类比借鉴。研究发现，猴免疫缺陷病毒会导致下颞叶区的白质受损，并且纵向研究揭示了白质损伤程度和免疫紊乱程度呈显著相关性。然后，采用多元模式识别分析方法检测艾滋病感染导致的大脑白质结构和网络连接受损，研究发现艾滋病感染导致了白质运动下行通路和前额叶相关白质网络连接受损，该研究表明基于多参数模式识别分析的方法可以更为有效地检测到艾滋病感染造成的大脑白质损伤。

审核后检索结果（节选）：

1. 唐振超. 基于模式识别和统计分析的临床辅助诊断研究 [D]. 山东：山东大学，2019.

摘要：该研究论文开展了基于模式识别和统计分析方法的临床辅助诊断应用研究。主要研究内容包括：（1）基于双重差分分析的局部进展期直肠癌接受新辅助化疗疗效预测研究，对局部进展期直肠癌接受新辅助化疗后治疗效果的准确评估对后续手术方案的制定至关重要。（2）基于多尺度量化分析和套索回归分析的肾肿瘤良恶性诊断预测研究，诊断区分乏脂型肾血管平滑肌脂肪瘤与恶性肾细胞是临床上的挑战性问题之一。（3）基于纤维束示踪和多变量分析检测艾滋病感染致白质损伤，艾滋病感染导致的白质损伤是患者认知障碍发生的重要原因之一，采用基于纤维束示踪和多变量分析的方法检测了艾滋病感染导致的白质损伤。首先，采用了猴免疫缺陷病毒感染恒河猴模型进行了纵向白质损伤检测，以期对人类大脑在染病过程中的白质损伤机制提供类比借鉴。研究发现，猴免疫缺陷病毒会导致下颞叶区的白质受损，并且纵向研究揭示了白质损伤程度和免疫紊乱程度呈显著相关性。然后，采用多元模式识别分析方法检测艾滋病感染导致的大脑白质结构和网络连接受损，研究发现艾滋病感染导致了白质运动下行通路和前额叶相关白质网络连接受损，该研究表明基于多参数模式识别分析的方法可以更为有效地检测到艾滋病感染造成的大脑白质损伤。

审核意见：

（1）博士论文的摘要一般篇幅较长，通常包含项目背景及多个实验或研究内容，检索结果中不需要全部列出，仅列出与查新点可对比的技术特征即可。

（2）查新报告中列出检索结果并对其进行简要描述，是从第三方的角度，而不是从研究者的角度。因此，需要将原摘要中的"本文""我们"等词改为"该文""该项目组"。

【案例 4-5】

查新项目名称：脱细胞结膜基质

委托人：拜欧迪赛尔（成都）生物科技有限公司

查新点：脱细胞结膜基质用于人眼结膜损伤的修复。

审核前检索结果（节选）：

1. 山东省眼科研究所，广东佳悦美视生物科技有限公司，拜欧迪塞尔（北京）生物科技有限公司，深圳市艾尼尔角膜工程有限公司．史伟云，周庆军，谢立信，张晋南，张斌，翟嘉洁．系列角膜修复材料的关键技术研发及临床应用[Z]．项目立项编号：2006AA02A132．鉴定日期：2019-12-09．

摘要：该成果研发了全球首个生物工程结膜产品，解决了结膜缺损性角膜病的治疗难题。严重的结膜缺损会导致角膜盲，但目前尚无有效治疗方法。项目组研发了生物工程结膜产品，解决结膜常规方法脱细胞后，基质破坏严重，移植后出现溶解的难题，创新的脱细胞方法，能获得具有与天然结膜基质相似的超微结构和生物力学特性，具有生物相容性好、促上皮再生、稳定性好的特点。相关产品已完成全部的临床前检测，获国家创新材料审批（CQTS1900051），目前已开展全国临床多中心研究，主要用于翼状胬肉、大面积结膜缺损等疾病。

审核后检索结果（节选）：

1. 山东省眼科研究所，广东佳悦美视生物科技有限公司，拜欧迪塞尔（北京）生物科技有限公司，深圳市艾尼尔角膜工程有限公司．史伟云，周庆军，谢立信，等．系列角膜修复材料的关键技术研发及临床应用[Z]．项目立项编号：2006AA02A132．鉴定日期：2019-12-09．

摘要：该成果研发了全球首个生物工程结膜产品，解决了结膜缺损性角膜病的治疗难题。严重的结膜缺损会导致角膜盲，但目前尚无有效治疗方法。项目组研发了生物工程结膜产品，解决结膜常规方法脱细胞后，基质破坏严重，移植后出现溶解的难题，创新的脱细胞方法，能获得具有与天然结膜基质相似的超微结构和生物力学特性，具有生物相容性好、促上皮再生、稳定性好的特点。相关产品已完成全部的临床前检测，获国家创新材料审批（CQTS1900051），目前已开展全国临床多中心研究，主要用于翼状胬肉、大面积结膜缺损等疾病。

注：经查证并与委托方核实，此文献中拜欧迪塞尔（北京）生物科技有限公司应为拜欧迪赛尔（北京）生物科技有限公司。

审核意见：

（1）当相关文献中出现与实际工作中内容不符的情况时，查新员应尽可能通过查询或取证的方式进行判断。

（2）由于数据库中导出的题录是二次文献，可能在加工标引时出现错误，因此，当出现这种情况时，可首先获取原文进行查证。

（3）上述案例中，文献题录中的机构名称与委托方的机构名称不符，通过获取原文，发现成果合作完成单位一栏中与题录信息一致，进一步通过知识产权状况一栏中的发明专利进行间接求证，再通过天眼查并与委托方核实后，确定文献中撰写确实有误。

【案例4-6】

查新项目名称：冠带专用精密空经标示型帘子布开发及应用研究

查新点：在帘子布同一布面采用S、Z捻向帘子线间隔规律性排布的方法，每组之间空出的标示线两侧帘子线捻向相反，如图1所示。

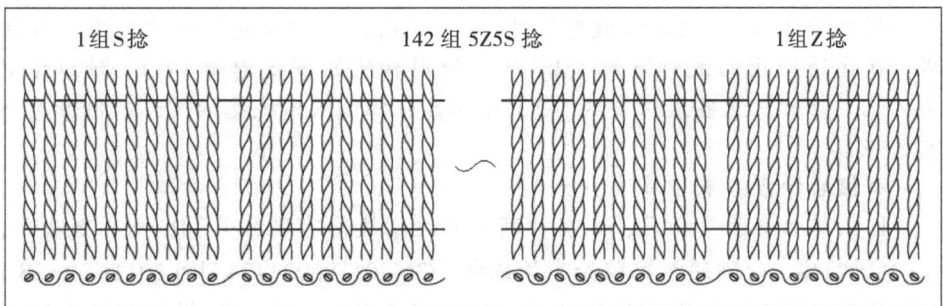

图1　S、Z捻向对比说明

审核前检索结果（节选）：

1. 米其林集团总公司，米其林研究和技术股份有限公司．R·E·史密斯，C·R·格雷．分段的经橡胶涂布的织物：CN201180074474.5[P].2011-09-28.

摘要：在经橡胶涂布的织物中，包括多个经向帘线，使得相邻经向帘线的侧面之间具有间隔d，且所述经向帘线中的每一个涂布有橡胶混合物层。还可包括分隔经向帘线的组的切割线，每一组具有预定数量的经向帘线。所述切割线可由2至6个之间的相邻切割线经向帘线形成，其中相邻切割线经向帘线的任意两个侧面之间的距离dc可不超过d的50%。涂布所述经橡胶涂布的织物的橡胶混合物层足够薄，以在所述经橡胶涂布的织造织物的表面上显示出切割线。原文中提到，经向帘线的组（42）各自以选定经向密度含有预定数量的经向帘线（44），其中所述经向密度为每分米的经向帘线数量的量度。经向帘线（44）的组（42）中的每一个由间隙（46）分隔。间隙（46）通过消除经向帘线而形成，如果未产生所述间隙，则所述经向帘线将是筘装置的一部分。被消除的经向帘线（48）可例如通过从筘中将其去除或通过在筘设立过程中不将其拉入筘中而消除。被消除的经向帘线（48）通常以与组（42）中的经向帘线（44）相同的经向密度消除。例如，如果通过消除三个经向帘线而产生间隙（46），则如果不消除三个被消除的经向帘线（48），那么它们将通常例如具有与剩余的经向帘线（42）相同的经向密度。

2. 科德沙环球纱线工业和贸易股份公司．库尔萨特·阿克索伊，萨德丁·菲丹．轮胎帘布：CN201380053335.3[P].2013-10-11.

摘要：该发明披露了一种轮胎帘布，其中成对帘线被用作经线。所述轮胎帘布在充气轮胎中用作胎体和冠带层加强部。该轮胎帘布使得在给定的帘线-橡胶复合物体积下能够使用较少的橡胶和较多的帘线。原文中提到，所述成对帘线与常规SS帘线或ZZ相似捻向帘线对相比在动态条件下在交互面之间具有更小的剪切应变、并且具有相反的帘线捻向，如S-Z或Z-S。根据本发明的轮胎帘布（1）由成对帘线（2）制成，以便在充气轮胎中用作加强部。在优选使用的成对帘线（2）中，使用相反的帘线捻向（6），例如S-Z或Z-S。此外，这些成对帘线（2）可以具有相似的帘线捻向（5），例如S-S或Z-Z。

审核后检索结果（节选）：

1. 米其林集团总公司，米其林研究和技术股份有限公司．R·E·史密斯，C·R·格雷．分段的经橡胶涂布的织物：CN201180074474.5[P].2011-09-28.

摘要：在经橡胶涂布的织物中，包括多个经向帘线，使得相邻经向帘线的侧面之间具有间隔d，且所述经向帘线中的每一个涂布有橡胶混合物层。还可包括分隔经向帘线的组的切割线，每一组具有预定数量的经向帘线。所述切割线可由2至6个之间的相邻切割线经向帘线形成，其中相邻切割线经向帘线的任意两个侧面之间的距离dc可不超过d的50%。涂布所述经橡胶涂布的织物的橡胶混合物层足够薄，以在所述经橡胶涂布的织造织物的表面上显示出切割线。原文中提到，图2为由间隙分隔的预定数量的经向帘线的示例性的组的示意图。经向帘线的组（42）各自以选定经向密度含有预定数量的经向帘线（44），其中所述经向密度为每分米的经向帘线数量的量度。经向帘线（44）的组（42）中的每一个由间隙（46）分隔。间隙（46）通过消除经向帘线而形成，如果未产生所述间隙，则所述经向帘线将是筘装置的一部分。被消除的经向帘线（48）可例如通过从筘中将其去除或通过在筘设立过程中不将其拉入筘中而消除。被消除的经向帘线（48）通常以与组（42）中的经向帘线（44）相同的经向密度消除。例如，如果通过消除三个经向帘线而产生间隙（46），则如果不消除三个被消除的经向帘线（48），那么它们将通常例如具有与剩余的经向帘线（42）相同的经向密度，如图1所示。

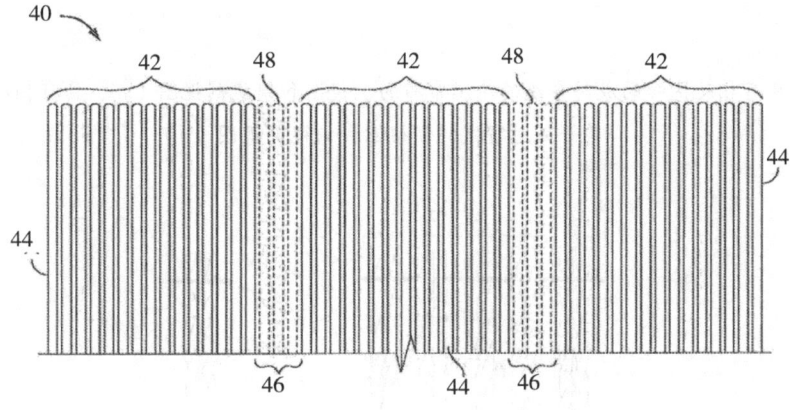

图1　由间隙分隔的预定数量的径向帘线的示例性的组的示意

2.科德沙环球纱线工业和贸易股份公司.库尔萨特·阿克索伊，萨德丁·菲丹.轮胎帘布：CN201380053335.3[P].2013-10-11.

摘要：该发明披露了一种轮胎帘布，其中成对帘线被用作经线。所述轮胎帘布在充气轮胎中用作胎体和冠带层加强部。该轮胎帘布使得在给定的帘线-橡胶复合物体积下能够使用较少的橡胶和较多的帘线。原文中提到，所述成对帘线与常规SS帘线或ZZ相似捻向帘线对相比在动态条件下在交互面之间具有更小的剪切应变、并且具有相反的帘线捻向，如S-Z或Z-S。根据本发明的轮胎帘布（1）由成对帘线（2）制成，以便在充气轮胎中用作加强部。

在优选使用的成对帘线（2）中，使用相反的帘线捻向（6），例如 S–Z 或 Z–S（图 1a 和图 1b）。此外，这些成对帘线（2）可以具有相似的帘线捻向（5），例如 S–S 或 Z–Z（图 2a 和图 2b）。

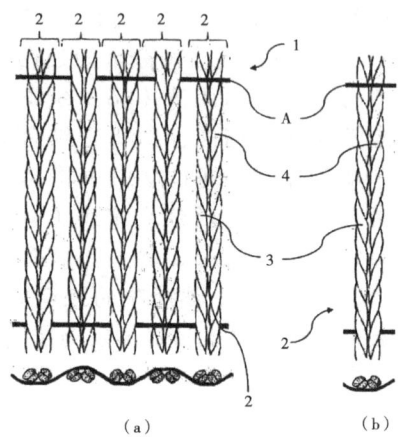

图 1　具有相反捻向的成对帘线的轮胎帘布的侧视图和俯视剖视图（a）、具有相反捻向的单一成对帘线的侧视图和俯视剖视图（b）

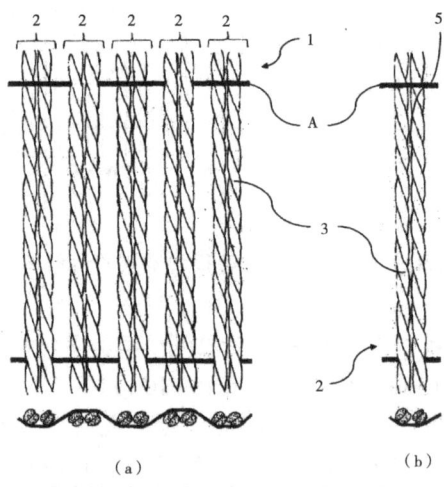

图 2　具有相似捻向的成对帘线的轮胎帘布的侧视图和俯视剖视图（a）和具有相似捻向的单一成对帘线的侧视图和俯视剖视图（b）

审核意见：上述案例的查新点为一种帘子布的编织方法，如果只看文字描述，非常难以区别，而加上图例之后，则一目了然。

【案例 4-7】

查新项目名称：帕妥珠单抗注射液

查新点：曲妥珠单抗和帕妥珠单抗联用治疗 HER2 阳性乳腺癌。

审核前检索结果（节选）：

1. 马培敏，付毓，Marcus VETTER（葛兰素史克上海公司；北京大学药学院；巴塞尔大学医院）.HER2 阳性乳腺癌辅助治疗中帕妥珠单抗和曲妥珠单抗的个体化给药研究（英文）[J]. 中国临床药理学与治疗学，2020，25（01）：10-21.

摘要：该文为一个亚裔早期乳腺癌患者制定并实施曲妥珠和帕妥珠单抗的个体化治疗方案。

2. 刘晨，杨志光，路云，等（中国药科大学国际医药商学院）.帕妥珠单抗联合曲妥珠单抗治疗 HER-2 阳性乳腺癌的 Meta 分析 [J]. 中国新药杂志，2019，28（24）：3035-3041.

摘要：系统评价了帕妥珠单抗联合曲妥珠单抗治疗人类表皮生长因子受体 2（HER-2）阳性乳腺癌的疗效及安全性，为新药上市及临床使用提供循证参考。通过文献检索，最终纳入个 5 项临床随机对照试验（RCTs），包括 6536 例患者。Meta 分析结果显示，帕妥珠单抗联合曲妥珠单抗方案疗效显著，但存在一定的不良反应，在临床使用过程中，需要加强不良反应监控。

3. 彭芳（广西北海市人民医院）.乳腺癌的靶向治疗药物研究进展 [J]. 现代中西医结合杂志，2016，25（14）：1586-1588.

该文对近几年乳腺癌靶向治疗药物进行了综述。

以下内容摘自原文：对曾使用过曲妥珠单抗治疗 HER-2 阳性的转移性乳腺癌患者，曲妥珠单抗联合帕妥珠单抗使用时临床获益率达到 40%，同时也可降低药物的毒副反应。

4. 曾佳佳，杨润祥，刘蓉（昆明医科大学附属第三医院云南省肿瘤医院内二科）.乳腺癌的靶向治疗研究进展 [J]. 中国生化药物杂志，2016，36（01）：7-11.

摘要：主要介绍了目前针对各种分子分型的乳腺癌进行的临床靶向治疗和正在开展的靶向药物研发，同时对乳腺癌干细胞靶向治疗的最新进展进行综述。以下内容摘自原文：一项名为 CLEOPATRA 的Ⅲ期临床评价帕妥珠单抗联合曲妥珠单抗的随机试验显示，在转移性 HER2 乳腺癌患者中，曲妥珠单抗加多西他赛联合帕妥珠单抗与不联合治疗组相比，无进展生存时间（PFS）有显著改善。

5. 郝立群，赵辉，杨永净，等（吉林省肿瘤医院）.Her-2 阳性转移性乳腺癌的生物靶向治疗 [J]. 现代肿瘤医学，2016，24（08）：1227-1229.

摘要：顾性分析了 Her-2 阳性转移性乳腺癌患者的治疗经验，评价在曲妥珠单抗联合紫杉醇治疗的基础上联合与不联合帕妥珠单抗的疗效。结果表明，曲妥珠单抗＋帕妥珠单抗联合紫杉醇治疗 Her-2 阳性转移性乳腺癌疗效更好，值得临床推广。

6. 王坤（广东省人民医院肿瘤中心乳腺科；广东省医学科学院）.帕妥珠单抗联合曲妥珠单抗和多西紫杉醇一线治疗转移性乳腺癌提高患者的总生存期 [J]. 循证医学，2015，15（02）：66.

摘要：目前 HER2 阳性转移性乳腺癌的一线治疗方案是曲妥珠单抗联合紫杉类药物，其平均中位生存期从 25.1 个月到 38.1 个月。临床前研究显示帕妥珠单抗和曲妥珠单抗作用于 HER2 的不同表位，两者有协同作用。

审核后检索结果（节选）：

1. 马培敏，付毓，Marcus VETTER（葛兰素史克上海公司；北京大学药学院；巴塞尔大学医院）.HER2 阳性乳腺癌辅助治疗中帕妥珠单抗和曲妥珠单抗的个体化给药研究（英文）[J]. 中国临床药理学与治疗学，2020，25（01）：10-21.

摘要：该文为一个亚裔早期乳腺癌患者制定并实施曲妥珠和帕妥珠单抗的个体化治疗方案。

2. 郝立群，赵辉，杨永净，等（吉林省肿瘤医院）.Her-2 阳性转移性乳腺癌的生物靶向治疗 [J]. 现代肿瘤医学，2016，24（08）：1227-1229.

摘要：该文回顾性分析了 Her-2 阳性转移性乳腺癌患者的治疗经验，评价在曲妥珠单抗联合紫杉醇治疗的基础上联合与不联合帕妥珠单抗的疗效。结果表明，曲妥珠单抗＋帕妥珠单抗联合紫杉醇治疗 Her-2 阳性转移性乳腺癌疗效更好，值得临床推广。

审核意见：

（1）在科技查新中，综述性文献可以帮助查新员快速了解相关技术或主题的国内外背景和进展，启迪并开拓查新员的检索思路，但在检索结果中，一般不建议列示综述性文献进行对比分析。

（2）在上述案例中，审核前检索结果所列示的6篇相关文献，其中只有文献1和文献5是研究性论文，而其他4篇均为综述、Meta分析或评论性文献，且文献6中评论的英文文献与文献4中提到的是同一个"名为CLEOPATRA的Ⅲ期临床随机试验"。虽然这两篇对比文献为中文文献，但其引用的均为涉及国外研究的英文文献，对于国内查新项目来说，超出了对比范围。

二、密切相关文献的判定

密切相关文献是指与查新项目的查新点实质相同，单独否定查新项目新颖性的文献。一般情况下，这类文献的研究领域、研究对象、技术方案、技术效果等均与查新课题基本相同。

判定一篇文献是否为密切相关文献直接影响查新项目的新颖性，在实际审核过程中会遇到查新员在筛选密切相关文献时经常出现以下问题：

（1）未阅读原文，尤其是国内文献；
（2）文献理解有误，尤其是国外文献；
（3）专业知识不够。

【案例4-8】

查新项目名称：胃癌外科精准诊疗技术的创建与推广。

查新点1：开展局部进展期胃癌新辅助化疗后行腹腔镜与开腹手术的前瞻性随机对照Ⅱ期临床试验，证实腹腔镜手术相比传统开腹手术，具有更好的手术安全性和化疗耐受性。

检索结果（节选）：

1. Takaki Yoshikawa, Takashi Oshima, Yasushi Rino, et al（日本横滨神奈川癌症中心；日本横滨市立大学医学院）.新辅助化疗后行腹腔镜辅助胃切除术治疗晚期胃癌[J].中国普通外科杂志，2013，22（10）：1238-1242.

摘要：目前在东亚国家，正进行多项Ⅲ期临床试验用于评估新辅助化疗效果。另一方面，手术治疗方法已倾向于行腹腔镜手术。在日本和韩国已经进行了多项Ⅲ期临床试验评估腹腔镜辅助远端胃切除（LADG）在早期和晚期患者中的疗效。因此，未来标准治疗肿瘤位于中、下1/3晚期胃癌的候选方案由综合治疗组成，包括新辅助化疗及随后的 LADG。在这个背景下，该文实施了一项随机Ⅱ期临床试验比较新辅助化疗后 LADG 和开腹远端胃切除术（ODG）治疗胃癌的疗效。

2. 胡丛岗，洪强，汤国军，等（浙江金华广福医院）. 新辅助化疗联合全腔镜胃癌根治术治疗进展期胃癌的临床研究 [J]. 浙江临床医学，2019，21（1）：34-36.

摘要：分析新辅助治疗后腹腔镜手术的安全性和可靠性。方法 选择2014年6月至2016年6月符合标准的胃癌患者50例，新辅助化疗后随机分为开腹组与腹腔镜组，所有患者均接受3周期紫杉醇联合替吉奥化疗方案。比较分析R0切除率、淋巴结清扫数目、术后并发症发生率和患者生存率。结果 新辅助化疗＋开腹手术组R0切除率为92.6%，D2切除率为100%；新辅助化疗＋腔镜手术组R0切除率为91.3%，D2切除率为100%，两组患者均未出现吻合口瘘、残端瘘等严重并发症，术中出血量、淋巴结清扫数目比较差异无统计学意义，但腔镜组术后恢复更快，而且术后并发症更低。结论 新辅助化疗后腹腔镜手术安全、可靠，且能够提高患者的临床疗效。

审核意见：

（1）查新员把上述两篇一般相关文献误认为是密切相关文献，文献1只是对一项正在开展中的Ⅱ期临床试验的报道，原文中并未提及研究结果，因此与该项目查新点1有实质性的不同。

（2）文献2看摘要与查新点1非常相似，即使查看原文，如果没有专业背景，可能也较难作出正确判断。医学上的临床试验不同于普通的临床研究，是有严格的方法学要求的，如随机、双盲、样本量计算等。通常情况下，在国内外临床试验注册网站上可以查到相关信息。

【案例4-9】

查新项目名称：右美托咪啶对老年脑肿瘤手术患者血流动力学及术后恢复的影响

查新点：对356例老年患者择期行全身麻醉脑肿瘤手术，随机分为右美托咪啶组和对照组，监测并记录麻醉诱导前后不同时间段平均动脉压、心率变化，结果表明Dex可以抑制气管插管后MAP和HR的升高，维持血流动力学的稳定，对于术后恢复具有明显的改善作用。

检索结果（节选）：

1. 洪羽蓉，王田，宋昕（北京煤炭总医院；陕西第二人民医院）. 右美托咪啶对老年脑肿瘤患者手术过程中血流动力学及术后恢复的影响 [J]. 中国临床神经科学，2015，23（6）：630-634.

摘要：探讨右美托咪啶对脑肿瘤手术患者血流动力学和术后恢复的影响。择期行脑肿瘤手术切除的 60 例老年患者随机分成右美托咪啶组（给予右美托咪啶）和对照组（给予生理盐水），监测并记录麻醉诱导前后不同时间段的心率、平均动脉压变化。结果表明，右美托咪啶可以显著改善老年脑肿瘤患者手术过程及术后的血流动力学的异常，对术后的恢复有很大帮助。

2. 周南，赵芳坤，周锦（沈阳军区总医院麻醉科；中国医科大学附属第四医院眼科）. 右美托咪啶对老年颅内肿瘤手术患者麻醉诱导期血流动力学和脑电双频指数的影响 [J]. 中国医科大学学报，2014，43（9）：818-820，825.

摘要：观察右美托咪啶（Dex）对老年颅内肿瘤手术患者麻醉诱导期血流动力学和脑电双频指数（BIS）的影响。将 30 例 ASA Ⅱ～Ⅲ级择期行颅内肿瘤手术切除的老年患者随机均分为右美托咪啶组（D 组）和对照组（C 组）。分别记录泵注 Dex 或生理盐水前（T0）、麻醉诱导前（T1）、气管插管前（T2）、气管插管后即刻（T3）、1 min（T4）、3 min（T5）、5 min（T6）7 个时点的平均动脉压（MAP）、心率（HR）和 BIS 值。结果表明，老年颅内肿瘤手术患者麻醉诱导前使用 Dex 可产生明显的镇静作用，能够抑制气管插管后 3 min BIS 的反应性升高，且血流动力学更加平稳。

审核意见：

（1）上述两篇文献不能作为密切相关文献。对于临床研究来说，样本量是比较重要的指标，同样的研究内容，大样本量和小样本量可能得出不同的结论，可信度也不同。上述案例中，虽然两篇检出文献的研究目的、对象、方法和结论均与查新点相同，但查新项目的样本量远远多于文献中的样本量，因此，不能认为两者的技术特征完全相同。

（2）临床研究不同于基础研究，可能会检出大量研究内容与查新点相似度较高的文献，仅在病例特征、观察指标或研究方法上存在较小差异，但临床意义可能差异比较大。

【案例 4-10】

查新项目名称：脱细胞结膜基质用于人眼结膜损伤的修复

查新点：脱细胞结膜基质用于人眼结膜损伤的修复。

审核前检索结果（节选）：

1. 山东省眼科研究所，广东佳悦美视生物科技有限公司，拜欧迪塞尔（北京）生物科技有限公司，深圳市艾尼尔角膜工程有限公司．史伟云，周庆军，谢立信，等．系列角膜修复材料的关键技术研发及临床应用[Z]．项目立项编号：2006AA02A132．鉴定日期：2019-12-09．

摘要：研发全球首个生物工程结膜产品，解决了结膜缺损性角膜病的治疗难题。严重的结膜缺损会导致角膜盲，但目前尚无有效治疗方法。项目组研发了生物工程结膜产品，解决结膜常规方法脱细胞后，基质破坏严重，移植后出现溶解的难题，创新的脱细胞方法，能获得具有与天然结膜基质相似的超微结构和生物力学特性，具有生物相容性好、促上皮再生、稳定性好的特点。相关产品已完成全部的临床前检测，获国家创新材料审批（CQTS1900051），目前已开展全国临床多中心研究，主要用于翼状胬肉、大面积结膜缺损等疾病。

注：经查证并与委托方核实，此文献中拜欧迪塞尔（北京）生物科技有限公司应为拜欧迪赛尔（北京）生物科技有限公司。

2. 拜欧迪赛尔（成都）生物科技有限公司．史真，史伟云．一种生物工程脱细胞眼结膜的制备及用途：CN201610297081.5[P].2016-05-09．

摘要：本发明提供了一种高效且能够保持眼结膜功能和特性的脱细胞结膜的制备方法。获取只含很少结膜下组织的新鲜眼结膜，眼结膜脱细胞过程中全程使用包含一种或多种结膜结构保护剂的混合保护液；采用高静压技术预分离结膜组织内的细胞；采用复合核酸酶方法消化残余细胞核；利用去垢剂脱除松散破碎细胞片；使用混合保护液进行漂洗。

注：依据中华人民共和国国家知识产权局中国及多国专利审查信息查询，该专利申请人由拜欧迪赛尔（北京）生物科技有限公司变更为拜欧迪赛尔（成都）生物科技有限公司，变更生效日为2021年10月21日。

审核后检索结果（节选）：

1. 山东省眼科研究所，广东佳悦美视生物科技有限公司，拜欧迪塞尔（北京）生物科技有限公司，深圳市艾尼尔角膜工程有限公司．史伟云，周庆军，谢立信，等．系列角膜修复材料的关键技术研发及临床应用[Z]．项目立项编号：2006AA02A132. 鉴定日期：2019-12-09.

摘要：研发全球首个生物工程结膜产品，解决了结膜缺损性角膜病的治疗难题。严重的结膜缺损会导致角膜盲，但目前尚无有效治疗方法。项目组研发了生物工程结膜产品，解决结膜常规方法脱细胞后，基质破坏严重，移植后出现溶解的难题，创新的脱细胞方法，能获得具有与天然结膜基质相似的超微结构和生物力学特性，具有生物相容性好、促上皮再生、稳定性好的特点。相关产品已完成全部的临床前检测，获国家创新材料审批（CQTS1900051），目前已开展全国临床多中心研究，主要用于翼状胬肉、大面积结膜缺损等疾病。

注：经查证并与委托方核实，此文献中拜欧迪塞尔（北京）生物科技有限公司应为拜欧迪赛尔（北京）生物科技有限公司。

2. 拜欧迪赛尔（成都）生物科技有限公司．史真，史伟云．一种生物工程脱细胞眼结膜的制备及用途：CN201610297081.5[P].2016-05-09.

摘要：本发明提供了一种高效且能够保持眼结膜功能和特性的脱细胞结膜的制备方法。获取只含很少结膜下组织的新鲜眼结膜，眼结膜脱细胞过程中全程使用包含一种或多种结膜结构保护剂的混合保护液；采用高静压技术预分离结膜组织内的细胞；采用复合核酸酶方法消化残余细胞核；利用去垢剂脱除松散破碎细胞片；使用混合保护液进行漂洗。原文中提到新西兰大白兔结膜缺损实验模型。

注：依据中华人民共和国国家知识产权局中国及多国专利审查信息查询，该专利申请人由拜欧迪赛尔（北京）生物科技有限公司变更为拜欧迪赛尔（成都）生物科技有限公司，变更生效日为2021年10月21日。

审核意见：

（1）文献1为密切相关文献是没有问题的，文献2是委托方申请的发明专利，从描述上来看似乎与查新点一致，但说明书实施例中明确写了动物实验模型，因此，在产品应用对象上与查新点存在不同。

（2）文献2的描述可以有两种形式：一是和其他同类的一般相关文献放在一起进行分析对比（如上所述）；也可与文献1放在一起，均作为委托方的成果，但对比结果分开来写。

三、一般相关文献的选择

一般相关文献是指与查新项目的查新点部分相同，单独不否定查新项目新颖性的文献。当查新点所包含的技术特征较多时，审核员在审核检索文献时应注意查看查新员是否将查新点中的技术特征与文献逐项进行对比分析。查新员应通过对比分析结果作出综合判断，如果全部检索结果中均没有密切相关文献，可根据一般相关文献与查新点的密切程度从不同角度进行选择。

【案例4-11】

查新项目名称：中段食管癌淋巴结转移特征及清扫手术的研究

查新点：腹腔镜辅助腋下小切口Ivor-Lewis经胸颈部机械吻合术，采用腹腔镜经腹、经食管裂孔清扫下纵隔淋巴结与超声刀经胸径路直接清扫颈胸交界及颈段食管旁淋巴组织相结合的三野淋巴结清扫手术治疗中段食管癌。

检索结果：

1. 冒志明，顾晓华，李昌炎，等（江苏省如皋市博爱医院；江苏省如皋市人民医院；南京医科大学）. Ivor-Lewis经胸颈部机械吻合术治疗中段食管癌的前瞻性研究[J]. 中华消化外科杂志，2013，12（10）：754-758.

摘要：目的 探讨Ivor-Lewis经胸颈部机械吻合术治疗中段食管癌的疗效。按患者入院先后顺序编号分为Ivor-Lewis组（151例），施行Ivor-Lewis径路经胸颈部机械吻合术；Sweet组（152例），施行Sweet径路经胸颈部机械吻合术。比较两组患者术中情况、围手术期并发症、淋巴结清扫和术后随访等情况。Ivor-Lewis组：取腹上区正中切口进腹，系统清除包括腹腔动脉起始部在内的区域淋巴结。而后取右后外侧第5、6肋间切口进胸，清除纵隔淋巴结，经胸颈部胃食管行机械吻合术，在完全直视下清除上纵隔、颈胸交界部、颈段食管旁的淋巴结及结缔组织。将术中清除的淋巴结按颈胸交界（包括上纵隔、颈段食管旁）、中+下纵隔、腹上区3个部位分别标记，送病理检查。

2. 冒志明，顾晓华，李昌炎，等（如皋市博爱医院；如皋市人民医院；南京医科大学）. 颈胸交界部淋巴结转移特征及清扫价值的前瞻性队列研究[J]. 中国胸心血管外科临床杂志，2015，11：1031-1035.

摘要：探讨中段食管鳞癌颈胸交界部淋巴结的转移特征及清扫价值。选取303例术前颈部无可疑转移淋巴结的中段食管鳞癌患者，按照入院顺序编号分组、采用不同径路的经胸颈部机械吻合术治疗，比较其中Ivor-Lewis径路Ro切除的149例（Ivor-Lewis组）和Sweet径路Ro切除的141例（Sweet组）的淋巴结清扫情况、肿瘤病理分期和中长期疗效。Ivor-Lewis组：取上腹部正中切口，系统清除包括腹腔动脉起始部在内的上腹部的区域淋巴结；取右后外侧标准切口进胸，在现代二野清扫的基础上行经胸颈部机械吻合术，用超声刀清除颈胸交界部及颈下段食管旁的淋巴、脂肪及结缔组织，注意避免损伤喉返神经。术毕，将清除的颈胸交界（包括颈段食管旁）、纵隔、上腹部的淋巴结分别标记后，送病理检查。

3. 张典钿，夏洪，冷云华，等（靖江市人民医院）. 腹腔镜应用于Ivor Lewis手术的学习曲线 [J]. 江苏医药，2013，39（8）：979-980.

以下内容摘自全文：腹腔镜下清扫腹腔淋巴结，按传统方法取第5肋间隙右后外侧切口进胸，清除胸腔淋巴组织，主要是上纵隔、喉返神经链、隆突下、中下段食管旁。

4. 彭林，陈利华，李强，等（四川省肿瘤医院）. Ivor Lewis食管次全切除术和二野淋巴结清扫术及其对预后的影响 [J]. 中国癌症杂志，2003，13（6）：574-576.

摘要：该文对356例食管胸中下段癌患者经上腹正中切口和右胸后外侧切口行Ivor Lewis食管次全切除术和胸腹二野淋巴结清扫术，食管胃颈部或胸顶器械吻合术。

5. 吕英义，陈景寒，孟龙，等（山东省立医院）. 改良Ivor-Lewis手术治疗食管癌576例 [J]. 中国胸心血管外科临床杂志，2006，03：204-205.

摘要：采用改良Ivor-Lewis手术治疗胸中、下段食管癌的临床经验。576例食管癌患者经右胸前外侧切口和上腹部正中切口径路手术（改良Ivor-Lewis手术），切除胸段食管癌，用吻合器行食管胃右胸顶吻合。

6. 上饶市第五人民医院. 丁树盛，鲁世千，邵玲，等. 改良Ivor-lewis术治疗食管癌手术经验总结 [Z]. 鉴定日期：2012-06-27.

摘要：右胸前外侧切口经第4肋间入胸，切断奇静脉弓、游离胸部食管直至胸顶，当肿瘤外侵明显时常规在膈上结扎胸导管；上腹正中切口进入腹腔，游离胃大、小弯，保留胃网膜右动、静脉及其血管弓，于动脉起始处切断胃左动脉，不常规胃幽门成型。扩大膈肌食管裂孔后将胃提入右胸内，在胸顶部行吻合器食管胃吻合。该技术采用由原后外侧切口改为前外侧切口方式治疗食管癌，手术中不需要改变体位，有利于淋巴结的清扫，避免进食"爬坡"的现象发生，缩短了手术时间，效果确切，成果水平达省内先进。

7. 夏万里，刘伟，左剑辉，等（安徽医科大学第一附属医院）. 改良 Ivor-Lewis 术在食管癌根治术中的应用 [J]. 安徽医科大学学报，2013，48（7）：827-829.

摘要：回顾性分析 28 例食管癌患者行改良 Ivor-Lewis 术临床资料，手术先用腹腔镜游离胃并清扫腹腔淋巴结，部分患者腹腔镜下制作管状胃；再经胸腔镜辅助右胸 8～12 cm 小切口游离食管并清扫纵隔淋巴结，行食管胃右胸内吻合。

8. 王自强，张元川，舒晔，等（四川大学华西医院）. 腹腔镜下经裂孔远端食管胃切除治疗食管胃交界癌 18 例体会 [C]. 2009，国际普通外科论坛暨第十五届全国普外基础与临床进展学术交流大会论文集. 2009：83-84.

摘要：本文探讨腹腔镜下经食道膈肌裂孔进入下后纵隔，切除远端食管及清扫下后纵隔淋巴结，治疗第 Ⅱ、Ⅲ 型食管胃结合部癌的可行性、安全性及有效性。

9. 张磊. 三野微创食管切除术与开放手术治疗食管癌临床疗效的对比研究 [D]. 陕西：第四军医大学，2015.

摘要：本研究通过对三野微创食管切除术（three filed minimally invasive esophagectomy，TMIE）与开放性食管切除术（open esophagectomy，OE）治疗食管癌的对比，探讨 TMIE 在治疗食管癌中的临床疗效。

审核意见：该案例未检出密切相关文献，可根据一般相关文献与查新点的密切程度来排序，并从切口位置、手术路径、淋巴结清扫范围等不同角度选择对比文献与查新点进行比对。

四、对比文献的排序

对比文献一般按照与查新点的密切程度从高到低排序。对检出的查新委托人发表的与查新项目相关的文献，依据相关程度顺序列在检索结果的最前面，并加以简要说明。

【案例 4-12】
查新项目名称：可提高分断能力的低压断路器研究开发
查新点：具有过载脱扣和短路（电磁）脱扣的低压断路器，可提高分断能力。

审核前检索结果(节选):

1. 泉州市大西洋电力科技有限公司.王汉钦,王星荣.可提高分断能力的低压断路器: CN206022262U[P]. 2017-03-15.

摘要:本实用新型提供一种可提高分断能力的低压断路器,包括由壳体以及密封盖板,壳体内侧固定连接有沿其径向延伸的两个固定触头,壳体内转动设置有由导电材料制成的圆筒状的旋转筒,旋转筒的外侧固定设置有与固定触头一一对应的动触头,旋转筒的下端部与壳体的底部通过转动轴承相连接,旋转筒的上端部固定连接有合闸操作杆,合闸操作杆穿过密封盖板且与密封盖板通过密封轴承相转动连接,固定触头包括第一铜基、设置于第一铜基外的金属氧化物涂层、设置于金属氧化物涂层外的第一银表层,动触头包括第二铜基、设置于第二铜基外的第二银表层,结构简单,操作方便。

2. 人民电器集团有限公司.罗旭,徐朋生,陈平.一种高分断小型断路器: CN202772062U[P].2013-03-06.

摘要:本实用新型所述的高分断小型断路器,包括绝缘外壳、操作机构、热脱扣机构、磁脱扣机构、分励脱扣机构、灭弧系统和触头装置;所述分励脱扣机构包括分励脱扣线圈、电子线路板和控制线,所述电子线路板上的电路包括逻辑识别电路、保护电路和开关电路。上述高分断小型断路器有效避免了现有技术中断路器的分断能力低、无法实现付费电能表的远程控制的问题,高分断小型断路器通过采用双断点结构、双圆弧跑道引弧及双灭弧室设计,提高分断能力,短路分断能力达10KA以上,通过逻辑识别电路和开关电路能够实现对付费电能表的远程控制,通过保护电路避免操作过电压和雷击过电压对电子线路板的损坏。

3. 正泰集团股份有限公司,浙江正泰电器股份有限公司.周长青,夏晓敏,于利英.一种多极小型断路器的操作装置: CN104134588A [P]. 2014-11-05.

摘要:本发明涉及一种多极小型断路器的操作装置,包括手柄、通过心轴枢装在壳体上的转动板、两对可闭合/分断配合的触点以及两个并排设置的电磁脱扣装置和热脱扣装置。设有锁钩的脱扣连杆通过第一绞轴枢装在转动板上;通过第二绞轴枢装在转动板上的跳闸杆上设有锁齿、能分别与相邻两极断路器电磁脱扣装置配合的操纵元件和能分别与相邻两极断路器热脱扣装置的双金属片配合的致动杆,其两端分别与手柄和脱扣连杆铰链连接的U型杆,两个并排设置在操纵元件上的短路短柱分别与两个电磁脱扣装置的致动顶杆触动配合；两个并排设置在致动杆上的过载短柱分别与两个热脱扣装置的双金属片触动配合。跳闸杆能被相邻的两组独立的脱扣装置控制，体积小、结构紧凑且动作更为可靠。

4.天津市中力神盾电子科技有限公司.孙巍巍.一种微型断路器：CN110444446A[P].2019-11-12.

摘要：本发明提供一种微型断路器，包括壳体，壳体设置有手柄、分断连杆机构、热磁脱扣器、分断触头和灭弧栅、至少一个进线端和至少一个出线端；壳体还设置有电流检测装置和电磁驱动机构；电磁驱动机构与分断连杆机构和/或分断触头驱动连接；还包括线路板，线路板设置有微处理器及与微处理器相连接的至少一个插接件；线路板通过所述插接件与电流检测装置和电磁驱动机构插接连接；此发明微型断路器，可以解决现有技术中微型断路器所存在的保护精度差、存在安全隐患且保护不全面的问题，提升微型断路器的保护精度和实现智能控制；同时可以实现若干个微型断路器的集中管理和控制，提高管理效率，方便设计人员对不同规格微型断路器的组合设计。

审核后检索结果（节选）：

1.人民电器集团有限公司.罗旭，徐朋生，陈平.一种高分断小型断路器：CN202772062U[P].2013-03-06.

摘要：本实用新型所述的高分断小型断路器，包括绝缘外壳、操作机构、热脱扣机构、磁脱扣机构、分励脱扣机构、灭弧系统和触头装置；所述分励脱扣机构包括分励脱扣线圈、电子线路板和控制线，所述电子线路板上的电路包括逻辑识别电路、保护电路和开关电路。上述高分断小型断路器有效避免了现有技术中断路器的分断能力低、无法实现付费电能表的远程控制的问题，高分断小型断路器通过采用双断点结构、双圆弧跑道引弧及双灭弧室设计，提高分断能力，短路分断能力达10KA以上，通过逻辑识别电路和开关电路能够实现对付费电能表的远程控制，通过保护电路避免操作过电压和雷击过电压对电子线路板的损坏。

2.正泰集团股份有限公司，浙江正泰电器股份有限公司.周长青，夏晓敏，于利英.一种多极小型断路器的操作装置：CN104134588A[P].2014-11-05.

摘要：本发明涉及一种多极小型断路器的操作装置，包括手柄、通过心轴枢装在壳体上的转动板、两对可闭合/分断配合的触点以及两个并排设置的电磁脱扣装置和热脱扣装置。设有锁钩的脱扣连杆通过第一绞轴枢装在转动板上；通过第二绞轴枢装在转动板上的跳闸杆上设有锁齿、能分别与相邻两极断路器电磁脱扣装置配合的操纵元件和能分别与相邻两极断路器热脱扣装置的双金属片配合的致动杆，其两端分别与手柄和脱扣连杆铰链联接的U型杆，两个并排设置在操纵元件上的短路短柱分别与两个电磁脱扣装置的致动顶杆触动配合；两个并排设置在致动杆上的过载短柱分别与两个热脱扣装置的双金属片触动配合。跳闸杆能被相邻的两组独立的脱扣装置控制，体积小、结构紧凑且动作更为可靠。

3. 天津市中力神盾电子科技有限公司．孙巍巍．一种微型断路器：CN110444446A[P]. 2019-11-12.

摘要：本发明提供一种微型断路器，包括壳体，壳体设置有手柄、分断连杆机构、热磁脱扣器、分断触头和灭弧栅、至少一个进线端和至少一个出线端；壳体还设置有电流检测装置和电磁驱动机构；电磁驱动机构与分断连杆机构和/或分断触头驱动连接；还包括线路板，线路板设置有微处理器及与微处理器相连接的至少一个插接件；线路板通过所述插接件与电流检测装置和电磁驱动机构插接连接；此发明微型断路器，可以解决现有技术中微型断路器所存在的保护精度差、存在安全隐患且保护不全面的问题，提升微型断路器的保护精度和实现的智能控制；同时可以实现若干个微型断路器的集中管理和控制，提高管理效率，方便设计人员对不同规格微型断路器的组合设计。

4. 泉州市大西洋电力科技有限公司．王汉钦，王星荣．可提高分断能力的低压断路器：CN206022262U[P]. 2017-03-15.

摘要：本实用新型提供一种可提高分断能力的低压断路器，包括由壳体以及密封盖板，壳体内侧固定连接有沿其径向延伸的两个固定触头，壳体内转动设置有由导电材料制成的圆筒状的旋转筒，旋转筒的外侧固定设置有与固定触头一一对应的动触头，旋转筒的下端部与壳体的底部通过转动轴承相连接，旋转筒的上端部固定连接有合闸操作杆，合闸操作杆穿过密封盖板且与密封盖板通过密封轴承相转动连接，固定触头包括第一铜基、设置于第一铜基外的金属氧化物涂层、设置于金属氧化物涂层外的第一银表层，动触头包括第二铜基、设置于第二铜基外的第二银表层，结构简单，操作方便。

审核意见：很多查新项目，尤其报奖的课题，大都有包括论文或专利在内的成果产出，这部分文献在查新报告中起到对项目支撑的作用。从与查新点的相关性上看，可分为密切相关文献和一般相关文献，一般会列在检索结果的最前面。但即便是委托方有支撑文献，检索结果还是要按照与查新点的相关性高低来排序。如有密切相关文献，可不列一般相关文献，如想强调委托方也有文献，但与查新点不同，需列在密切相关文献的后面。未检出密切相关文献时，可将委托方的一般相关文献列在前面并加以说明。该案例检出多篇密切相关文献，应列在最前面，而将委托方的一般相关文献列于其后。

如果查新项目有合作机构，也需要明确指出，尤其是密切相关文献，如不注明合作、知识产权归属，则按照实际情况，否定查新项目新颖性，后续应由委托方自行出具证明向报告使用方说明。

第二节　查新结论审核

查新结论包括项目查新点归纳、文献对比分析、结论三部分内容。作为查新报告的核心部分，查新结论应对查新点的新颖性作出判断，文字表述应当客观、公正、准确、简明、严谨。查新结论整体上应是一篇相对独立的具有鉴证性的短文，将检索结果与查新项目的查新点进行深入对比分析，以综述形式论证查新点是否具有新颖性。在查新结论的撰写过程中，应特别注意其完整性、逻辑性和客观性，为专家评审和科研管理部门提供科学的真实依据。

审核员在审核查新结论时应注意查看查新结论是否符合以下要求。

（1）论点鲜明：不具有新颖性、部分新颖性、区域新颖性、时间新颖性；

（2）客观陈述：需充分尊重原文，力求表述与原文一致，不包含个人观点，切忌推理、演绎，不作技术水平评价；

（3）科学论证：论据充分、论证严谨，经得起推敲，使结论更加真实并具有说服力；

（4）层次分明：对比文献不简单罗列、不赘述，要围绕每个查新点分别进行对比分析。

除上面提到的要求外，查新结论中也不能使用"可能、大概、还行、尚不确定"等语句。不可使用"达到……水平"的鉴定用语，不能加入个人观点，也不应写不足和建议，报告的内容须基于文献分析，有据可查，实事求是。

一、查新点归纳要求

通常情况下,查新员根据查新委托人递交的查新委托单上所写的查新点,必要时从科学技术要点补充,提取整理形成查新点集合,作为查新项目对比内容。查新点是查新员受理查新课题的主要依据和关键,充分体现查新员对课题的理解程度,查新点提炼得是否准确直接影响到查新工作的结果和效果。因此,对查新结论中查新点归纳的审核,是实质审核中的重要的一环(详见第二章第二节的查新点审核)。

二、文献对比分析要求

1. 文献对比分析总体原则

针对多个查新点的查新项目,需要对各查新点逐条进行单独的新颖性论证,切忌混为一谈,将诸多查新点不加拆分地模糊比对;具体地,需要区分对比文献与查新点的异同,不能一概而论。

审核员在审核时应注意查看查新员在进行文献分析对比时是否存在以下两种情况,若存在应及时提醒查新员对进行修改。

(1)多点混合型

文献1×××××;

文献2×××××;

文献3×××××;

……

而该项目查新点1为×××××××;查新点2为×××××;查新点3为××××××。

经过文献检索并对相关文献分析对比,未见有与该项目查新点所述技术特征相同的文献报道。

(2)简单罗列型

该项目查新点为×××××××,而文献1~3为×××××,与查新点不同,查新项目具有新颖性。

针对每一篇对比文献,需要有侧重地围绕查新点进行对比描述,不要面面俱到地将文献的内容全部罗列出来,也不要旁生出许多与查新点无关的文献或文字。

关于同一概念可能在不同文献中有不同的表述方式，在结论中，如果以引用原文的方式，可以保留原来的形式，如果采用叙述的方式，尽量统一成查新项目中的描述。

2. 文献对比分析方法

（1）单独对比法

针对密切相关文献一般采用此法，可以分别从领域、技术方案、效果等方面进行对比，从而证明其与查新点实质相同，单独否定查新点的新颖性。

【案例 4-13】

查新项目名称：××××通信能力研发服务项目

查新点：混合 NACK/FEC 模式处理：接收端根据帧大小和接收时延估计可用带宽，发送端根据可用带宽、丢包和 RTT 等反馈计算分配保护开销（protection overhead，包括 FEC bitrate、NACK bitrate）和视频编码码率各占的比率。

审核前查新结论（节选）：

所查相关文献中，文献 1 为容联云通讯的一篇互联网报道——实时视频应用之 QoS 关键技术分析，在处理丢包问题时采用的技术方法与该项目查新点所述相同。

审核后查新结论（节选）：

所查相关文献中，文献 1 为容联云通讯的一篇互联网报道——实时视频应用之 QoS 关键技术分析，文中提到，在处理丢包问题时，更为可行的方案是混合 NACK/FEC 模式，接收端根据帧大小和接收时延估计可用带宽，发送端根据可用带宽、丢包和 RTT 等反馈计算分配保护开销（protection overhead，包括 FEC bitrate、NACK bitrate）和视频编码码率各占的比率。与该项目查新点应用领域、技术特征、效果均相同。

审核意见：上述案例中，文献 1 从应用领域到解决的具体问题，从解决方案到具体技术特征，都与查新点所述一致，并且委托方技术人员对此也表示认同。在查新报告结论阐述中需要将文献的具体表述和对比结果逐项列出，从而让报告使用方了解其中的逻辑关系。

（2）总分式结构法

针对一般相关文献可根据情况采用此方法的不同类型。

①先总后分式：对具有某一共同技术特征的文献，可以先总体概况，再分别列出具体技术方案。

【案例 4-14】
查新项目名称：辽宁调度可视化展示系统
查新点：将传统的地理潮流图升级为三维电子沙盘，利用形象直观的电子沙盘展示全省气象情况、潮流情况和复合情况，把对电网关注的主要的设备、负荷中心、关注点以写意化的方式展现出来，在三维电子沙盘上实现，关注变电站，实时数据、统计数据实时在电子沙盘进行展示的功能。

审核前查新结论（节选）：
文献 11 涉及电力三维电子沙盘的研究与应用，采用 GPS 卫星定位技术，将电网设施精细建模后精确分布于三维地理影像平台，并集成相关电网信息，形成模拟现实和高信息化的数字电网；文献 12 是有关延长油田数字沙盘研建的科技成果报道；文献 13 是基于 Unity3D 的电子沙盘实现技术研究；文献 14 为大地形 3D 电子沙盘系统的设计与实现。上述文献 11～14 均与该项目查新点所述技术特征不同。

审核后查新结论（节选）：
文献 11～14 报道了三维电子沙盘研究，其中：文献 11 所述电力三维电子沙盘采用 GPS 卫星定位技术，将电网设施精细建模后精确分布于三维地理影像平台，并集成相关电网信息。其研究领域与查新点相同，但未提及利用气象情况、潮流情况和复合情况。文献 12～14 研究领域与查新点不同或未提及针对电力行业进行研究。

审核意见：上述案例中，文献 11～14 是同一类研究，与查新点的主题相关，但在具体应用领域、技术特征等方面存在不同。可先根据共同特征进行总体归纳，然后每篇对比文献分别与查新点进行比对，也可根据内容对其进一步分类，文献 1 单独对比，后面三篇文献对比归纳后合并陈述。
②先分后总式：即先把文献分别列出，然后再归纳其共同技术特征。

【案例 4-15】
查新项目名称：一种高对比度（211）B 碲镉汞材料位错腐蚀坑的腐蚀方法
查新点：将 EPD 腐蚀液中重铬酸钾的添加量增加至常规 Chen 腐蚀液中

重铬酸钾添加量的 1.5～2 倍，对碲镉汞材料进行腐蚀，实现了碲镉汞材料位错腐蚀坑尺寸的增大以及对比度的提高。

审核前查新结论（节选）：

所查相关文献中，文献1报道了位错腐蚀 HgCdTe 所使用的腐蚀液为标准 Chen 腐蚀液，而该项目查新点中重铬酸钾的添加量增加至常规 Chen 腐蚀液中重铬酸钾添加量的 1.5～2 倍，二者不同；文献2报道了使用的 Chen 腐蚀剂的配方为 H_2O : HCl : HNO_3 : $K_2Cr_2O_7$ = 8 mL : 1 mL : 2 mL : 0.8 g，与该项目查新点所述比例不同；文献3公开了腐蚀剂的成分配比为：H_2O : HCl : HNO_3 : HF : $K_2Cr_2O_7$: CrO_3 = 80 mL : 6～10 mL : 10～15 mL : 0～5 mL : 5.1 g :（2.0～7.0）g，与该项目查新点所述比例不同。

审核后查新结论（节选）：

所查相关文献中，文献1报道了位错腐蚀 HgCdTe 所使用的腐蚀液为标准 Chen 腐蚀液；文献2报道了使用的 Chen 腐蚀剂的配方为 H_2O : HCl : HNO_3 : $K_2Cr_2O_7$ = 8 mL : 1 mL : 2 mL : 0.8 g；文献3公开了腐蚀剂的成分配比为：H_2O : HCl : HNO_3 : HF : $K_2Cr_2O_7$: CrO_3 = 80 mL : 6～10 mL : 10～15 mL : 0～5 mL : 5.1 g :（2.0～7.0）g。上述文献1～文献3均提及了使用 Chen 腐蚀液腐蚀 HgCdTe 材料，但腐蚀液中重铬酸钾的添加量均与查新点中所述的 EPD 腐蚀液中重铬酸钾的添加量为标准 Chen 腐蚀液中重铬酸钾添加量的 1.5～2 倍［HCl : HNO_3 : H_2O : $K_2Cr_2O_7$ = 10 mL : 20 mL : 80 g :（12～16）g］不同。

审核意见：上述案例中，需要对比具体的数值并换算比例，因此，将文献中的原始信息先如实描述，再总结归纳，这样能让报告使用方一目了然，不必再去翻阅检索结果。

③总分总式：即先总提，然后分论，最后作结论。是前两种方式的结合。

【案例 4-16】

查新项目名称：生物反馈电刺激对不同术式子宫切除后盆底障碍的防治

查新点：研究经腹、经阴道、腹腔镜、腹腔镜辅助阴式四种全子宫切除术的手术方式对盆底功能的影响差异。

审核前查新结论（节选）：

文献1涉及经腹筋膜外子宫切除术、经腹腔镜筋膜外子宫切除术、经阴道筋膜外子宫切除术、经腹筋膜内子宫切除术、经腹腔镜筋膜内子宫切除术等五种术式的对比，而该项目查新点研究了经腹、经阴道、腹腔镜、腹腔镜辅助阴式四种全子宫切除术的手术方式对盆底功能的影响差异，二者不同。

文献2～5对比了经腹、腹腔镜下和经阴道三种不同术式；文献6探讨了经阴道子宫切除术、腹腔镜下子宫切除术与腹腔镜辅助下阴式子宫全切术三种术式对盆底功能的影响。上述文献2～6与该项目查新点所述四种手术方式不同。

文献7～9对比了腹腔镜下子宫切除术和腹腔镜辅助下阴式子宫切除术对女性盆底功能的影响；文献10～13探讨了腹腔镜与腹式全子宫切除术对盆底功能的影响；文献14研究了腹腔镜下子宫切除与阴式子宫切除对盆底功能障碍性疾病发生情况的影响。上述文献7～14均为两种手术方式的对比，与该项目查新点所述四种手术方式不同。

审核后查新结论（节选）：

文献1～14研究了不同手术方式的子宫切除术对患者术后盆底功能的影响。其中，文献1涉及经腹筋膜外子宫切除术、经腹腔镜筋膜外子宫切除术、经阴道筋膜外子宫切除术、经腹筋膜内子宫切除术、经腹腔镜筋膜内子宫切除术等五种术式的对比；文献2～5则对比了经腹、腹腔镜下和经阴道三种不同术式；文献6探讨了经阴道子宫切除术、腹腔镜下子宫切除术、与腹腔镜辅助下阴式子宫全切术三种术式对盆底功能的影响；文献7～9对比了腹腔镜下子宫切除术和腹腔镜辅助下阴式子宫切除术对女性盆底功能的影响；文献10～13探讨了腹腔镜与腹式全子宫切除术对盆底功能的影响；文献14研究了腹腔镜下子宫切除与阴式子宫切除对盆底功能障碍性疾病发生情况的影响。上述文献1～14仅涉及该项目查新点1所述四种手术方式中的三种或两种术式的对比，二者不完全相同。

审核意见：上述案例中查新点涉及4种不同手术方式的比对研究，相关文献中涉及四种手术方式的不同排列组合形式，文献数量较多，逐一比对重复性较大，采用总—分—总的描述方式看起来更清晰。

三、新颖性判断原则

审核员在审核查新结论时应查看查新员是否遵循《规范》中的新颖性判

断原则，将查新项目的各查新点分别与查到的相关文献比较，揭示出两者的相同点与不同点，判断查新项目是否具有新颖性。

1. 单独对比原则——当查新点和对比文献属于相同的主题内容

如果查新项目在科学技术领域、研究目的、技术方案和技术效果等方面均与已公开报道的某一对比文献实质上相同，那么该查新项目缺乏新颖性。

【案例 4-17】

查新项目名称：帕妥珠单抗注射液。

查新点：曲妥珠单抗和帕妥珠单抗联用治疗 HER2 阳性乳腺癌。

审核前查新结论（节选）：

所查相关文献中，文献 1 涉及 HER2 阳性乳腺癌辅助治疗中帕妥珠单抗和曲妥珠单抗的个体化给药研究；文献 2 是有关帕妥珠单抗联合曲妥珠单抗在 HER-2 阳性乳腺癌新辅助治疗中的疗效及影响因素分析；文献 3 是曲妥珠单抗联合帕妥珠单抗双靶治疗 HER-2 阳性乳腺癌新辅助治疗的 PCR 率及安全性观察；文献 4 为曲妥珠单抗联合帕妥珠单抗治疗 HER2 阳性早期乳腺癌的效果观察。上述文献 1～4 均与该项目查新点所述技术特征相同。

综上，在以上国内文献检索中，本次检索已见有与查新点中所述的曲妥珠单抗和帕妥珠单抗联用治疗 HER2 阳性乳腺癌的文献报道。

审核后查新结论（节选）：

所查相关文献中，国内已有曲妥珠单抗和帕妥珠单抗联用治疗 HER2 阳性乳腺癌的文献报道，本报告选取其中 4 篇作为对比文献，均与该项目查新点所述技术特征相同。

综上，在以上国内文献检索中，本次检索已见有与查新点中所述的曲妥珠单抗和帕妥珠单抗联用治疗 HER2 阳性乳腺癌的文献报道，该项目不具有新颖性。

审核意见：理论上，查新员检索出一篇密切相关文献否定查新点的新颖性即可停止检索。但在实际操作中，如果检索出多篇密切相关文献，证明查新点完全没有新颖性，可以在结论中体现出来。上述案例中，查新员根据单独对比原则确定文献 1～4 均为密切相关文献，研究领域、目的、方法、效果等方面都与查新点一致，但建议陈述时合在一起，使结论看起来更加简练。需要注意的是，在判断查新项目新颖性时，不得将查新点与几篇对比文献公开的相关内容的组合，或者与一篇对比文献中的多项技术方案的组合进行比较，也不得要求一篇文献覆盖所有的查新点才能比较。

2. 相同排斥原则——当查新项目查新点全部被覆盖

如果查新项目符合单一性主题的所有查新点被一篇文献内容所覆盖，则查新项目不具有新颖性。

【案例4-18】

查新项目名称：国产全谱直读火花放电原子发射光谱仪

查新点1：国产全谱直读光谱仪采用光室智能充氩技术减少远紫外区元素信号吸收降低氩气消耗；

查新点2：国产全谱直读光谱仪采用分片式曝光技术提升痕量元素信号强度，扩展仪器检测范围；

查新点3：国产全谱直读光谱仪采用曲线分段自动跳转技术实现未知样品自动匹配最佳分析程序，提高了分析结果的精准度。

查新结论（节选）：

上述所查国内相关文献中，文献1为××××××公司的产品报道，涉及一种全谱直读光谱仪，采用智能控制光室充气系统，仪器性能更稳定，服务期限更长久。海量的谱线使分析不再受限，曲线分段跳转同一元素不同谱线间实现无缝衔接，拓展分析范围。第三元素干扰校正使元素分析更加准确，可以在用户现场任意增加材料基体和分析元素而无须增加硬件，维护保养方便。分片式曝光，痕量元素识别强度大幅提高，检出限更低。该文献包含该项目查新点1～3所述技术特征的全部内容。

审核意见：上述案例中，针对查新点中同一产品的不同技术特征，查新员检索到一篇互联网产品报道，同时涵盖了3个查新点的技术特征，因此，该查新项目不具有新颖性。需要注意的是，如果是同一篇论文中提到的不同产品分别具有3个查新点的技术特征，虽然可以单独否定每个查新点的新颖性，但并不能否定整个查新项目的新颖性。

3. 具体（下位）概念否定一般（上位）概念原则

如果查新项目与对比文献的区别仅在于前者的技术特征属上位概念，后者的技术特征属下位概念，则"下位否定上位"，查新项目不具有新颖性，反之则不成立，上位概念的公开并不影响采用下位概念限定的查新点的新颖性。例如，某查新项目是"用金属制成的"上位概念的产品，对比文献公开的是"用铜制成的"下位概念的同一产品，则查新项目丧失新颖性。

【案例 4-19】

查新项目名称：洗碗机健康防护技术研究与应用

查新点：家用和类似用途电器洗碗机除病毒测试方法。

审核前查新结论（节选）：

所查国内相关文献中，文献1为该项目委托单位参与起草的行业标准，内容为洗碗机消毒效果技术要求及试验方法，与该项目查新点所述技术特征一致。

文献2为青岛海尔洗碗机有限公司参与起草的行业标准，该标准规定了带有蒸汽消毒功能的洗碗机的技术要求、试验方法、检验规则及标志、包装、运输和贮存，其中涉及除病毒测试方法，但该文献仅针对带有蒸汽消毒功能的洗碗机，覆盖范围小于该项目查新点，二者不完全相同。

审核后查新结论（节选）：

所查国内相关文献中，文献1（2020-04-08）为该项目委托单位参与起草的行业标准，内容为洗碗机消毒效果技术要求及试验方法，与该项目查新点所述技术特征一致。

文献2（2020-03-05）为青岛海尔洗碗机有限公司参与起草的行业标准，该标准规定了带有蒸汽消毒功能的洗碗机的技术要求、试验方法、检验规则及标志、包装、运输和贮存，涉及查新点中所述家用和类似用途电器洗碗机除病毒测试方法。带有蒸汽消毒功能的洗碗机为下位概念，而家用和类似用途电器洗碗机为上位概念，根据下位概念否定上位概念原则，加之文献2的发布时间早于文献1，该项目查新点不具有新颖性。

审核意见：

（1）上述案例中，"带有蒸汽消毒功能的洗碗机"是"家用和类似用途电器洗碗机"的下位概念，下位概念可以否定上位概念的新颖性。

（2）需要注意的是，下位概念与上位概念之间的关系又是相对而言的，例如，"电冰箱"相对于"制冷设备"来说是下位概念，但相对于"直冷式电冰箱"来说却又是上位概念。

4.惯用手段的直接置换否定原则

若查新项目与对比文献的区别仅仅是所属技术领域惯用手段的直接置换。例如，对比文献采用螺钉固定的装置，而查新项目仅将该装置的螺钉固定方式改换为螺栓固定方式，则该项目不具备新颖性。

【案例4-20】

查新项目名称：一种功能多种的两面刀

查新点：两面刀的刀体一边设弧形刀口，刀体另一边设有锯齿刀口，刀体后端中部设有刀柄，在刀体上设有刮皮刀口和刮齿。

注：该案例改编自《中国知识产权报》案例分析："惯用手段直接置换"的适用（2018-11-5）。

审核前查新结论（节选）：

文献1公开了一种多功能菜刀，包括刀体，刀体的上下部各设置有刀刃与锯齿刀刃，刀体的后端中部连接有一刀把，所述刀体上设置有锅铲。该多功能菜刀可以作为菜刀切菜使用，又可以除去鱼鳞和斩断肉骨头使用，还可以作为锅铲炒菜使用。该项目查新点所述两面刀的刀体一边设弧形刀口，刀体另一边设有锯齿刀口，刀体后端中部设有刀柄，在刀体上设有刮皮刀口和刮齿。两者虽然都是多功能刀，但具体实现方式不同。

审核后查新结论（节选）：

文献1公开了一种多功能菜刀，包括刀体，刀体的上下部各设置有刀刃与锯齿刀刃，刀体的后端中部连接有一刀把，所述刀体上设置有锅铲。该多功能菜刀可以作为菜刀切菜使用，又可以除去鱼鳞和斩断肉骨头使用，还可以作为锅铲炒菜使用。该查新项目针对现有技术中两面刀功能单一的缺陷提供一种多功能两面刀，即在刀体上设置了刮皮刀口和刮齿，使得两面刀既能当作普通刀具使用，也能实现刮皮刀和刮刀的双重功能，在刀体上设置刮皮刀口和刮齿的作用是解决普通两面刀功能单一的问题，实现两面刀的多功能性，而文献1中在刀体上设置锅铲的作用也是实现刀具的多功能性。也就是说，在刀体上设置刮皮刀口、刮齿和在刀体上设置锅铲的作用是相同的，都是实现刀具的多功能，两者的技术方案实质相同。因此，在刀体上设置刮皮刀口、刮齿和在刀体上设置锅铲是本领域惯用手段的直接置换。该查新项目不具有新颖性。

审核意见：

（1）在查新实际工作中，很少碰到"惯用手段的直接置换否定原则"相关的案例，此处借用专利审查中的一个例子来说明这一问题。

（2）在新颖性判断中"惯用手段的直接置换"要满足4个条件：一是对比文献应公开与查新点技术特征相应的技术特征，即存在置换基础，当查新点技术特征在对比文献中没有相对应特征的情况下，一般不适用惯用手段的直接置换；二是相互置换的技术手段在各自技术方案中所起的作用应当是相同的；三是相互置换的技术手段本身应当均为本领域解决相同技术问题惯常采用的技术手段；四是置换后不会对技术方案中的其他要素提出不同的要求。（参考专利审查）

5. 突破传统原则

当查新项目突破传统，例如现有技术公开的某个数值范围是为了告诫所属技术领域的技术人员不应当选用该数值范围，而查新项目却正是突破这种传统而确立该数值范围，那么查新项目具有新颖性。在实际的查新工作中很少会遇到这种情况。

四、结论新颖性类型与表述要求

查新员一般会根据文献对比分析结果给出查新结论，对于结论新颖性类型大致可分为整体新颖性（具有新颖性/不具有新颖性）、部分新颖性、区域新颖性、时间新颖性这几种情况。

而对于查新结论的表述，根据结论新颖性的类型在表述上的侧重点略有不同，审核员在审核查新结论时应注意查看结论的表述是否具有逻辑性并且语句表达顺畅。

1. 整体新颖性

对确认有新颖性的查新项目，可以采用该查新项目"未见报道"或"具有新颖性"的语句；通过检索确定新颖性不成立，可采用该查新项目"已有报道"或"不具有新颖性"的语句。

2. 部分新颖性

查新项目一般具有多个查新点，对于已经被对比文献公开的查新点，可以采用"该查新点已见报道"的语句；对于没有被对比文献公开的查新点，可以采用"该查新点未见报道"的语句。

【案例 4-21】

查新项目名称：SVAC 智能摄像机

查新点 1：编码码流可携带监控专用信息。

查新点 2：数据安全保护。

查新点 3：支持感兴趣区域（ROI）编码。

查新点 4：支持可伸缩视频（SVC）编码。

审核前查新结论（节选）：

在以上国内文献检索中，未见有与查新点 1、2 相同的国内公开文献报道；已见有与查新点 3、4 相同的国内公开文献报道。综上所述，该查新项目不具有新颖性。

审核后查新结论（节选）：

在以上国内文献检索中，未见有与查新点 1、查新点 2 相同的国内公开文献报道；已见有与查新点 3、查新点 4 相同的国内公开文献报道。综上所述，未见有同时提及查新点 1～4 所述全部技术特征的 SVAC 智能摄像机的国内公开文献报道。

审核意见：在产品查新中，经常会遇到这种情况，要注意的是，在多个查新点中，只要有一个查新点有新颖性，该查新项目的新颖性就不能被否定。

3. 区域新颖性

有的查新针对区域进行，例如在国外文献中找到否定新颖性的文献，而在国内文献中没有找到，在表述查新结论时可用"国外已见文献报道而国内未见文献报道"或者该查新项目"在国内具有新颖性"的语句。

【案例 4-22】

查新项目名称：利用"互联网+"技术探索中医医联体内慢病管理（Ⅱ型糖尿病）的新模式

查新目的：北京市通州区科技计划项目立项查新

审核前查新结论（节选）：

综上，在以上国内文献检索中，已有利用视联网、物联网和移动互联网技术搭建糖尿病管理云平台，病人通过智能血糖仪进行自测，数据传到平台，实现三甲医院端、社区端和患者手机 APP 端三端数据共享的文献报道

（文献1），该项目查新点不具有新颖性。

审核后查新结论（节选）：

综上，在以上国内文献检索中，已有利用视联网、物联网和移动互联网技术搭建糖尿病管理云平台，病人通过智能血糖仪进行自测，数据传到平台，实现三甲医院端、社区端和患者手机APP端三端数据共享的文献报道（文献1），且已在北京军队医院、干休所进行了试点运行，取得了良好的社会效益和经济效益。但未见在北京市通州区开展此类研究的公开文献报道。

审核意见：有些查新项目比如医学课题的开展、电力工程的建设，不是说在一个地区开展之后，就不能在其他地区开展了。相反，查到其他地区已有相关研究或报道，反而能说明开展这些项目的意义，对其他地区相关项目的开展具有指导和借鉴意义。

4. 时间新颖性

日期结论，对时间先后的查证，可用"该查新项目于某年某月某日公开（或鉴定、生产等），早于公开文献的日期"的语句。

【案例4-23】

查新项目名称：一枝蒿有效成分的研究

查新点：

1. 一枝蒿酮酸：$C_{15}H_{20}O_3$，结构如下：

2. 异一枝蒿酮酸：$C_{15}H_{20}O_3$，结构如下：

查新要求：查找国内外公开文献报道，判断上述物质是否由委托方最先报道。

审核前查新结论（节选）：

在以上国内外文献检索中，针对项目查新点1，除委托方和其合作单位发表的文献外，国内外已有涉及一枝蒿酮酸制备、结构研究、分离提纯等方面的文献报道；针对项目查新点2，除委托方和其合作单位发表的文献外，国内已有异一枝蒿酮酸相关研究的文献报道。

审核后查新结论（节选）：

在以上国内外文献检索中，针对项目查新点1，除委托方和其合作单位发表的文献外，国内外已有涉及一枝蒿酮酸制备、结构研究、分离提纯等方面的文献报道，但其发表年份晚于委托方查新点技术依据文献；针对项目查新点2，除委托方和其合作单位发表的文献外，国内已有异一枝蒿酮酸相关研究的文献报道，但其发表年份晚于委托方查新点技术依据文献。

审核意见：当对比文献与查新点具有相同技术特征时，需要对比时间先后顺序，看哪一个更早公开报道。

5. 其他情况

除了前面提到的情况外，如果委托项目参与人发表了与查新项目相关的文献，对于其所发表的文献一般可写成："除委托项目参与人自己发表的文献外，未见其他影响查新项目新颖性的文献报道（专利查新除外）。"

【案例4-24】

审核前查新结论（节选）：

综上，在以上国内文献检索中，除该项目委托方下属单位申请的中国发明和实用新型专利涉及该项目查新点全部技术和结构特征外，本次检索未见与该项目查新点所述技术和结构特征完全相同的"××××××××装置"的国内公开文献报道。

审核后查新结论（节选）：

综上，在以上国内文献检索中，除该项目委托方下属单位申请的中国发明和实用新型专利（文献1，有权；文献2，无权－避重放弃）涉及该项目查新点全部技术和结构特征外，本次检索未见与该项目查新点所述技术和结构特征完全相同的"××××××××装置"的国内公开文献报道。

审核意见：除委托项目参与人发表与查新项目相关的文献外，如果委托项目参与人的合作单位或与委托项目参与人有关的单位发表了与查新项目相关的文献，在查新结论中可进行相应说明。此外，如果委托项目参与人的文献为专利文献，最好注明专利法律状态。

第三节　不同类型查新报告审核重点

根据查新目的的不同，查新报告可以分为立项查新、成果查新、专利查新、产品查新、标准查新、工法查新等不同类型。每种类型的报告都有其自身的特点，在审核时也存在一定的规律。

一、立项查新

立项查新是指科研人员为申请各级各类科研项目，确保课题的质量，提高申报的成功率而向查新机构提出的查新，包括开题、申报计划或基金，如博硕士论文开题、国家科技支撑计划、创新基金等。立项查新主要为立项课题的新颖性提供客观评价依据。一方面帮助科研人员了解前人的研究成果，弄清自己拟研究课题的价值意义，以及预期应用前景等，也可借助科技查新少走弯路，从中寻找研究的突破口；另一方面是为科研管理部门科学规范立项提供决策依据，最大限度地发挥科技经费的使用效率，防止科研项目的重复，避免造成人力、财力、物力的浪费和损失。

科研立项是准备做，但还没开始做的项目，科研人员仅有大致的研究思路或研究方向，提出可能的技术方案，以及预期实现的目标，因此，在查新技术要点中常常使用"拟""预期""预计""将达到"等措辞。从查新检索角度，为了使科研人员掌握项目的研究状况和发展动态，需要完整全面的课题资料，相对而言更重视查全率，有时可能会采用较为宽泛的检索策略。一般情况下，立项查新时委托方还没有发表与查新点密切相关的文献，或仅有前期研究的成果，查新点可修改的范围较大。

二、成果查新

成果查新是指科研项目完成后，或者产品研发出来后，科研人员为申报某种等级的奖励，或实现成果转化，或申报高新技术产品等，向管理部门或者鉴定专家提供成果新颖性依据而进行的查新，包括成果转化、鉴定、报奖、高新产品等。

成果查新是对已经完成的项目进行查新，因此，项目的技术方法、技术参数、应用效果都比较明确，通常使用"完成了""实现了""达到了""构建了"等语词。成果查新的用户一般都有相关论文的发表或专利的申请，通常情况下，此类查新项目的查新点个数较多。

【案例4-25】

方法+应用

审核前查新结论（节选）：

综上，在以上国内外文献检索中，关于查新点1，已有较多文献涉及将 $^{99m}Tc-GSA$ 显像技术用于肝脏储备功能的评估；关于查新点2，除该项目委托方发表的期刊论文（文献6）提到查新点2的全部技术特征外，国内也有相似的研究报道（文献8、9）；关于查新点3，除该项目委托方发表的中文期刊论文（文献13）、学位论文（文献14）和英文期刊论文（文献22、23）提及查新点3的全部技术特征外，国内也有文献引用该项目委托方的相关论文。

审核后查新结论（节选）：

综上，在以上国内外文献检索中，关于查新点1，已有较多文献涉及将 $^{99m}Tc-GSA$ 显像技术用于肝脏储备功能的评估，但除该项目委托方发表的中文期刊论文（文献1、2）和学位论文（文献3）外，未见明确提及基于此评估技术的精准肝切除的国内外公开文献报道；关于查新点2，除该项目委托方发表的期刊论文（文献6）提到查新点2的全部技术特征外，国内也有相似的研究报道（文献8、9），但其发表时间均晚于文献6，除此之外，未见与该项目查新点2所述技术特征完全相同的国内外公开文献报道；关于查新点3，除该项目委托方发表的中文期刊论文（文献13）、学位论文（文献14）和英文期刊论文（文献22、23）提及查新点3的全部技术特征外，国内也有文献引用该项目委托方的相关论文，除此之外，未见与该项目查新点3所述技术特征完全相同的国内外公开文献报道。

审核意见：成果查新的检出结果一般分两种情况，一种是密切相关文献是项目组的科研产出，撰写结论时要强调"除该项目委托方/项目组成员外"；一种是密切相关文献既有项目组的科研产出，还有其他机构的相关研究，此时应该对比二者在时间上的先后顺序。

三、专利查新

专利查新的目的，一方面在于帮助申请人撰写、修改专利申请文件并提高专利授权率；另一方面在于专利无效或专利侵权纠纷中进行新颖性的司法鉴定。

对于科技查新而言，查新委托人发表过的相关文献不影响其新颖性，但对专利查新而言，《专利法》第22条规定，申请专利的发明如在申请日前已经公开，便失去新颖性，不能获得专利权，这是一条基本的原则。但这一基本原则并非绝对，也有例外。许多国家专利法都规定，在申请日前的一定期限内，发明创造在某些特定情况下的公开，可以不丧失新颖性，即所谓不丧失新颖性的公开。《专利法》第24条规定，申请专利的发明创造在申请日以前6个月内，有下列情形之一的，不丧失新颖性。

（1）在国家出现紧急状态或者非常情况时，为公共利益目的首次公开的。

（2）在中国政府主办或者承认的国际展览会上首次展出的。包括两层含义：一是必须是中国政府主办或者承认的国际展览会。中国政府主办的国际展览会，包括国务院或者国务院各部门主办或者国务院批准由其他机关或者地方政府举办的国际展览会。中国政府承认的国际展览会，即虽不是由中国政府举办，但经中国政府认可的在国内外举办的展览会。二是必须是国际展览会，即展出的展品除了有举办国的产品以外，还应当有来自外国的展品。在不是中国政府主办，也没有被中国政府承认的国际展览会上展出的发明创造，就不再具有新颖性。

（3）在规定的学术会议或者技术会议上首次发表的。这里讲的"学术会议或者技术会议"是指国务院有关主管部门或者全国性学术团体组织召开的学术会议或者技术会议。不包括省以下或者受国务院各部委或者全国性学会委托组织召开的学术会议或者技术会议。在符合以上规定的学术会议或者技术会议上第一次发表的发明创造，不丧失新颖性。

（4）他人未经申请人同意而泄露其内容的。即他人违反申请人本意的公开。他人未经申请人同意泄露其发明创造的内容的方式可以包括：他人未遵守明示的或者默示的保密义务而将申请人的发明创造的内容公开；他人用威胁、欺诈、偷盗、间谍活动等不正当手段从发明人或者经他告诉而得知发明创造内容的任何其他人那里得知发明创造的内容而后公开。这两种情况的公开都是违反申请人本意的，是非法的公开。

在委托日当天或之前，同样的技术在国家知识产权局申请了专利，但还未公开。对于科技查新而言，不影响新颖性；而对于专利申请而言，因该专利申请为抵触申请，则影响了其新颖性。

四、产品查新

1. 产品+专用于制造该产品的方法

主要分为两个层次，一种是产品的原理、方法本身就具有新颖性，形成的产品自然也具有新颖性，另一种是其原理、方法并不具有新颖性，但采用该方法生产出产品这一理论到实践的过程具有新颖性。

2. 产品+该产品的用途

产品本身不具有新颖性，但应用具有新颖性。

【案例4-26】

查新项目名称：一种基于或囊括推荐码营销系统

查新点：推荐码（邀请码）在线上线下营销推广中的应用。

查新结论（节选）：

所查相关文献中，文献1为该项目委托方法定代表人申请的中国发明专利，涉及一种基于或囊括推荐码营销系统，推荐码可以推荐到线上线下任何空间，与该项目查新点所述一致。

文献2公开了一种创新性积分汇通商业联盟平台，基于互联网技术，打通线上和线下，把原来以场地为主的线下销售模式，变成以人为主的线上线下一体化销售模式，说明书中提到，平台通过会员邀请人、商家邀请人等邀请码模式以及消费分享系统。与该项目查新点所述技术特征相似，但该专利申请时间（2017年）晚于文献1（2016年）。

文献3~8均是采用推荐码或邀请码进行线上营销推广的文献报道，未明确提及线下推广，与该项目查新点所述技术特征不完全相同。

文献9、文献10分别涉及一种从线上到线下为用户提供服务的方法和系统、一种基于微信平台的线上线下整合互动方法，均涉及推荐码或邀请码的应用，但该查新项目主要涉及电子商务，与上述两篇文献的应用目的和范围不同。

在以上国内文献检索中，除该项目委托方法定代表人申请的中国发明专利（文献1，审中）外，也有将推荐码或邀请码应用于线上线下销售及利益分配的专利文献报道（文献2，审中），但其申请时间晚于文献1。此外，本次检索未见与该项目查新点所述技术特征完全相同且用于电子商务的公开文献报道。

审核意见：在上述案例中，文献9和文献10同样涉及推荐码或邀请码，由于没有用于营销推广，虽然与查新点的技术手段相同，但应用目的和范围不同，可以视为应用创新。

3.产品＋专用制造方法＋用途

单独看产品＋制造方法不具有新颖性，单独看产品＋用途也不具有新颖性，三项联合起来才具有新颖性。

【案例4-27】

查新项目名称：××××菌核酸检测试剂盒（荧光PCR法）

查新点：一种××××菌核酸检测试剂盒（荧光PCR法），用于体外定性检测经福尔马林固定石蜡包埋的×××活检组织中的××××菌核酸。

查新结论（节选）：

所查相关专利文献中，文献1为该项目委托方申请的发明专利（无权－驳回），公开了一种用于××××菌23S rDNA基因突变分型的ARMS-qPCR的检测方法及试剂盒，不仅可以检测来源于×××活检组织，还可以检测石蜡包埋组织切片中游离DNA，与该项目查新点所述基本一致。文献2公开了一种用于××××菌分型与耐药突变检测的扩增和测序引物及其试剂盒，可用于对临床活检标本和石蜡包埋的标本进行检测，与该项目查新点所述技术特征相似，但其申请时间（2020年）晚于文献1（2014年）。文献3、文献4分别基于PCR和高通量检测石蜡包埋标本中××××菌耐药性，与该项目查新点所述技术特征不同。

文献5～7涉及PCR法检测石蜡包埋胃癌组织标本中的幽门螺杆菌，

其中文献5使用的荧光定量PCR试剂盒结合荧光双重PCR和Taqman探针技术，与该项目查新点所述技术特征相似，但未明确试剂盒的来源，且其发表时间（2016年）晚于文献1（2014年）；文献6、7中分别提及PCR扩增/检测试剂盒由上海复华实业股份有限公司和上海复生生物工程研究所提供，但其PCR需要凝胶电泳，与该查新项目所述方法"荧光PCR"不同。文献8～10涉及PCR法检测石蜡包埋×××切片组织中的××××菌，其中文献11所述荧光PCR法与该项目查新点所述技术特征相似，但未明确提及试剂盒；文献9、10分别采用巢式PCR和双扩增PCR，均与该查新项目所述荧光PCR不同。

在以上国内文献检索中，除该项目委托方申请的发明专利（文献1，无权-驳回）涉及该项目查新点的全部技术特征外，也有文献中提到采用荧光PCR法检测石蜡包埋的×××活检组织中的××××核酸的试剂盒，但未明确其来源，且文献发表时间晚于本项目委托方专利申请时间。此外，本次检索未见与该项目查新点所述技术特征完全相同的幽门螺杆菌核酸检测试剂盒（荧光PCR法）相关产品的公开文献报道。

审核后查新结论（节选）：

在国家药品监督管理局网站上"医疗器械查询"中进行检索，得到××××菌检测试剂盒若干项，具体方法包括乳胶法、脲酶法、胶体金法、PCR法等，检测对象包括××××菌抗原、抗体、核酸等，其中与该项目查新点相关的产品为文献1～3。文献1为该项目委托方注册的××××菌核酸检测试剂盒（荧光PCR法），用于体外定性检测经福尔马林固定石蜡包埋的×××活检组织中的××××菌核酸，与该项目查新点所述技术特征一致。文献2是中山大学达安基因股份有限公司注册的××××菌核酸检测试剂盒（PCR-荧光探针法），用于体外定性检测人×××组织活检标本中的××××菌核酸，检测目的和标本与该项目查新点所述一致，但未明确"石蜡包埋"；文献3为上海芯超生物科技有限公司注册的××××菌23S rRNA基因突变检测试剂盒（PCR-荧光探针法），用于体外定性检测××××菌感染患者×××组织样本中××××菌23S rRNA基因两个多态性位点的三种点突变，不同于该项目查新点所述核酸检测，也未明确提及标本是否石蜡包埋，且文献2、3的批准日期（2018-11-13；2021-04-01）晚于文献1（2018-11-07）。

在以上国内文献检索中，除该项目委托方在国家药品监督管理局网站上注册的××××菌核酸检测试剂盒（荧光 PCR 法）（文献1）和申请的发明专利（文献4，无权－驳回）涉及该项目查新点的全部技术特征外，也有文献中提到采用荧光 PCR 法检测石蜡包埋的×××活检组织中的××××核酸的试剂盒，但未明确其来源，且文献发表时间晚于本项目委托方专利申请时间。此外，本次检索未见与该项目查新点所述技术特征完全相同的幽门螺杆菌核酸检测试剂盒（荧光 PCR 法）相关产品的公开文献报道。

审核意见：产品查新一定要进行互联网资源检索，本项目为试剂盒类产品，属医疗器械类，正规厂家均会在国家药监局网站注册，所以该网站为必检和首检资源。

五、标准查新

标准文献是标准化活动的产物，即由技术标准、管理标准及其他标准性质的类似文件组成的一种特种形式的技术文献体系。标准查新就是通过对标准文献检索，从已存储的标准资源中查找并获取相关标准，与查新项目所述标准进行对比，从而证明其新颖性的过程。

六、工法查新

2007 年我国颁布的《国家级工法编写与申报指南》及 2010 年水利部出台的《水利水电工程建设工法管理办法》正式规定，申报工法的单位必须提供科技查新报告，工法查新应运而生，成为科技查新家族的新成员。由于工法的基本属性，工法查新与一般意义上的科技查新又有着很大的区别。

2014 年住房城乡建设部出台的《工程建设工法管理办法》对工法进行了明确定义：工法是指以工程为对象，以工艺为核心，运用系统工程原理，把先进技术和科学管理结合起来，经过一定工程实践形成的综合配套的施工方法①。因此，工法是企业标准的重要组成部分。

工法从技术层面类分为国家级工法，省部级工法及企业工法。国家级工

---

① 住房城乡建设部. 工程建设工法管理办法 [EB/OL].（2014-07-16）[2022-08-28]. https : //www.gov.cn/gongbao/content/2014/content_2781481.htm.

法的申报条件为已公布为省部级的工法，工法中采用的新技术、新工艺、新材料尚没有相应的工程建设国家、行业或地方标准的，工法已经过2项及以上工程实践应用，国家级工法有效期为8年；省部级工法的申报条件为已公布为企业工法的技术标准。在查新过程中，要查明此类工法是否已有国家级工法的制定与发布。

由于工法查新的特殊性，与一般的科技查新在结论撰写部分又有所不同。建议如下表述：首先，要说明是否有相关工法报道，已报道的工法是属于国家级、省部级还是企业级；其次，说明相关的文献是否有报道：包含该工法所述工艺技术是否已有明确的相关标准规范，是否有相应专利被申请；最后，说明理论型文献是否有报道：包含是否有相关论文已发表，已发表的论文与查新点有何异同之处。

【案例 4-28】

方法 + 具体步骤

查新项目名称：悬浮埋入式钢柱基施工技术

查新点：超高层底板内插型钢柱施工方法，在底板钢筋结构内预埋锚栓固定架和分层定位的钢筋网片，柱脚锚栓采用加长型锚栓，加长型锚栓固定安装在锚栓固定架和钢筋网片上，加长型锚栓的上端伸出至钢柱底标高以上；钢柱柱脚底部设置锚板，浇筑混凝土至锚板底标高，预留内插到柱基内的钢筋，钢筋围绕于钢柱设置。安装内插钢柱，固定柱脚锚板到柱脚锚栓上，在钢柱柱身上焊接加强环板，完成内插钢柱的安装。

查新结论（节选）：

针对项目查新点：超高层底板内插型钢柱施工方法：在底板钢筋结构内预埋锚栓固定架和分层定位的钢筋网片，柱脚锚栓采用加长型锚栓，加长型锚栓固定安装在锚栓固定架和钢筋网片上，加长型锚栓的上端伸出至钢柱底标高以上；钢柱柱脚底部设置锚板，浇筑混凝土至锚板底标高，预留内插到柱基内的钢筋，钢筋围绕于钢柱设置。安装内插钢柱，固定柱脚锚板到柱脚锚栓上，在钢柱柱身上焊接加强环板，完成内插钢柱的安装。

上述所查国内相关文献中，文献1为该项目委托单位申请的中国发明专利，公开了一种超高层底板内插型钢柱施工方法及固定结构，在底板施工时，在底板钢筋结构内预埋锚栓固定架和分层定位的钢筋网片，柱脚锚栓采用加长型锚栓，加长型锚栓固定安装在锚栓固定架和钢筋网片上，加长型锚栓的上端伸出至钢柱底标高以上；钢柱柱脚底部设置锚板，浇筑混凝土至锚板底标高，预留内插到柱基内的钢筋，钢筋围绕于钢柱设置。安装内插钢柱，固定柱脚锚板到柱脚锚栓上，在钢柱柱身上焊接加强环板，完成内插钢柱的安装。与该项目查新点所述施工方法相同。

审核意见：①由于工法一般是对施工工艺的描述性语言，因此，工法项目的查新点通常文字比较多，查新员需要与委托方充分沟通，尽量提取干货使得查新点简单明了；②如果委托方有公开的专利或论文，并在查新结果中已经描述清楚，查新结论中不需要再重复赘述，可以简单总结为"文献1为该项目委托单位申请的中国发明专利，公开了一种超高层底板内插型钢柱施工方法及固定结构，所述工法与该项目查新点技术特征一致/相同"；③由于对比文献很可能也是工法相关专利或论文，对比时应尽量避免"大段粘贴+二者不同"的描述，应分别就工法的施工对象，使用的材料、设备、工具、仪器，采用的工序等不同环节进行比对。

第五章 查新报告形式规范审核

查新报告审核除对其内容进行审核外，对于报告格式也需要进行审核。本章主要从查新报告要素、报告写作规范要求以及版式要求等方面，对查新报告形式规范审核进行了较为详细的介绍，旨在系统地表述在进行查新报告形式规范审核时应注意的相关事项。

本章知识脉络如图 5-1 所示。

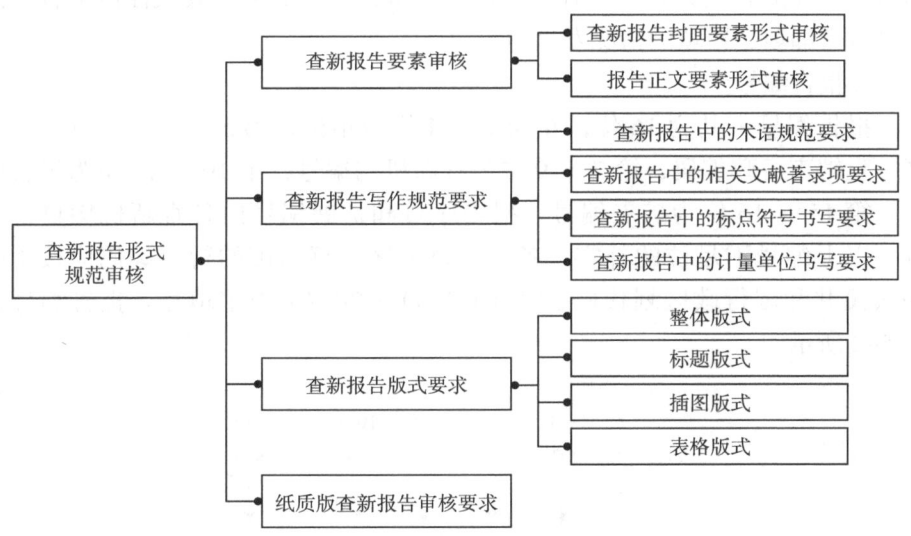

图 5-1 查新报告形式规范审核知识脉络

第一节　查新报告要素审核

查新员在撰写查新报告时，其报告格式应遵照《规范》中规定的统一格式，并且报告中的各项要素均应填写完整。一般查新报告的构成要素主要包括报告封面和报告正文两大部分，审核员审核报告时应注意查看报告封面和报告正文中的相关要素是否齐全、报告格式是否正确。

一、查新报告封面要素形式审核

查新报告封面内容应包括报告编号、项目名称、委托人、委托日期、查新机构、完成日期共6项内容，审核员在审核报告时应主要关注以上各项内容是否有漏填、错填的情况发生。

1. 报告编号

报告编号一共为16位，左起1～4位为年份，第5～6位为省、自治区、直辖市行政编码，第7～9位为查新机构编号，第10～14位为报告序号，第15～16位为扩展编号，报告序号和扩展编号由各查新机构自行编排，以上编号不足位的补零。各省、自治区、直辖市的行政编码应按《中华人民共和国行政区划代码》(GB/T 2260—2007)规定填写。报告编号如图5-2所示。

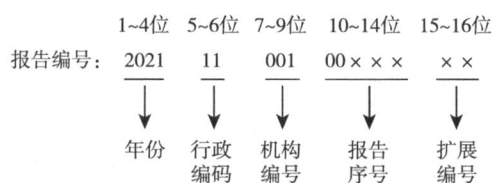

图 5-2　查新报告的报告编号

审核员在审核报告时应注意查看该报告的报告编号是否填写，并且需核对报告编号是否填写正确。

2. 项目名称

报告封面项目名称一般只填写中文名称，审核员在审核时应注意查看报告封面的项目名称是否与委托单以及报告正文中的项目名称一致，若不一致需要告知查新员通知其及时确认修改。

3. 委托人

查新项目是以单位名义委托的，报告封面上的委托人名称应使用委托单位的正式全称，不得使用缩写或者简称。需要说明的是，委托人的名称可根据委托单位的实际查新需要，填写一级机构正式全称或者二级机构正式全称（例如委托人填写首都医科大学或者根据实际需求填写首都医科大学附属北京安贞医院，名称不必具体到院系、科室）；委托人可以是一个单位，也可以多个单位共同委托。当查新项目为多个单位共同委托时，审核员在审核时应注意查看是否将所有委托单位的名称列出。

此外，查新项目如果是以个人名义委托的，委托人应填写自然人的真实姓名和身份证号，不得使用笔名或者其他非正式的姓名。

有一种情况需要注意，查新项目允许以单位和个人的名义共同委托查新。

4. 委托日期和完成日期

查新报告封面的日期需要按照查新项目的实际委托日期和查新报告的实际完成日期填写，日期书写格式为"××××年××月××日"（如2021年3月10日）。

审核员在审核时需要注意查看委托日期是否在完成日期之前，并且查看封面完成日期是否与报告中查新结论页的日期一致。此外还需要注意，报告的完成日期应以实际时间为准，不得随意变更。

对于查新报告的完成周期，各个查新机构的时间略有不同，以中国科学技术信息研究所查新中心为例，一般情况下，3个查新点以内的国内查新为10个工作日，国内外为15个工作日；如果为加急课题，国内查新不少于3个工作日，国内外查新不少于5个工作日。

一般查新机构出具科技查新报告的有效期限为一年，起始时间为查新报告封面上的完成日期，查新报告自完成之日起一年内有效。若查新报告超过有效期，委托人需重新委托进行查新。科技查新报告封面的查新完成日期如图5-3所示。

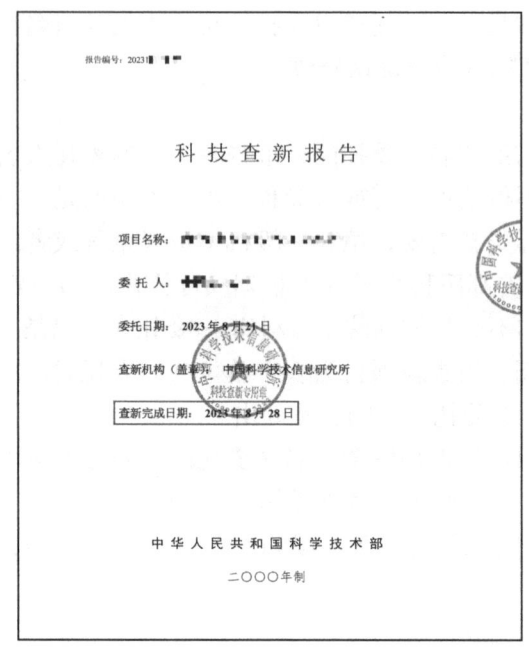

图 5-3 科技查新报告封面的查新完成日期

5.查新机构

查新报告封面查新机构处应填写具体完成科技查新任务的科技查新机构的完整名称，并在封面加盖查新机构科技查新专用章。其中，查新机构应当具有权威机构颁发的资质证书。审核员在审核时需要查看查新机构的名称是否完整和正确，查新机构名称不可以简写、略写。

二、报告正文要素形式审核

查新报告正文内容包括查新项目名称、查新机构的详细信息、查新目的、查新项目的科学技术要点、查新点、查新范围要求、文献检索范围及检索策略、检索结果、查新结论、查新员与审核员声明、附件清单、备注共12项内容，审核员在审核报告时应注意查看以上各项内容是否填写完整并且格式正确。

1.查新项目名称

国内查新只填写中文名称，英文名称一栏可填写"略"或不填写，国内

第五章 查新报告形式规范审核

外查新须同时填写中英文名称。如查新项目名称过长,需要转行,注意第二行不顶格。国内查新项目名称如图5-4所示。

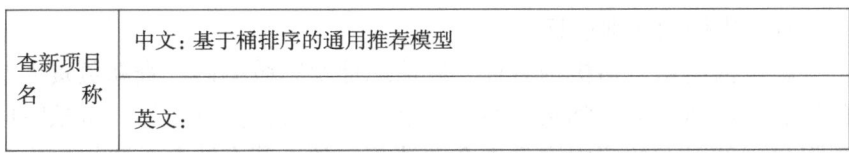

查新项目名称	中文:基于桶排序的通用推荐模型
	英文:

图5-4　国内查新项目名称示例

当查新项目为国内外查新时,审核员在对报告进行形式审核时应注意查看查新项目的中英文项目名称是否一致,项目名称的英文翻译和拼写有无错误。国内外查新项目名称如图5-5所示。

查新项目名称	中文:生物质基酯类燃料联产化学品技术经济性评价
	英文:Research on technical and economic evaluation of biomass-based ester fuel co-production of chemicals

图5-5　国内外查新项目名称示例

除了以上内容外,审核员在审核时还应注意查看查新项目名称在描述上是否符合以下要求。

(1)确切:查新项目名称中应避免使用商业性用语,所用术语应为该技术领域内的专业术语。

(2)一致:报告正文中的查新项目名称应与查新报告封面上的项目名称保持一致。

(3)简洁:虽然《规范》在项目名称的字数上没有明确规定字数限制,但是根据查新目的不同,一般建议用户在填写项目名称时不宜写过长。关于查新项目名称的字数,以中国科学技术信息所查新中心为例,查新项目名称的字数要求主要参考《专利审查指南》中申请文件的形式审查要求(见第一部分第一章4.1.1),一般情况下查新项目名称的字数不超过25个字;若情况特殊，例如化学领域的某些项目查新，可以允许最多到40个字。

（4）具体：查新项目名称中应避免使用含糊的词语，如"及其他""及其类似物""及其系列"等。

2. 查新机构的详细信息

查新机构信息包括机构名称、通信地址及邮政编码、查新负责人及联系人的姓名与电话、电子邮箱、网址。审核员在对报告进行形式审核时应注意查看报告中的以上各项内容是否全部填写完整，若有缺失需要提醒查新员将内容补充完整。

报告正文中的查新机构名称应与查新报告封面上的查新机构名称保持一致。

3. 查新目的

查新目的根据《规范》中的定义是指科技查新报告的具体用途，目前大致分为立项查新、成果查新、申报奖励、产品查新、标准查新、专利查新和其他七大类，委托人在填写查新目的时可参考《规范》附录B"查新目的代码"中列举的查新目的进行选择。

审核员在审核报告时应注意查看报告中的查新目的是否与查新委托单中填写的一致。

4. 查新项目的科学技术要点

科学技术要点反映查新项目主要的技术内容，包括所属科学技术领域、研究目的、技术方案和技术效果几个部分。

审核员在对报告进行形式审核时需要查看科学技术要点中上述几项内容是否填写，语言表述是否通顺。除此之外，如果委托人在科学技术要点中附有相关图表进行说明，还需要查看图表是否附在与文字内容相对应的位置上。

5. 查新点

查新点是指科学技术要点中能够体现查新项目新颖性和技术进步性的技术特征点。

审核员在对报告进行形式审核时应注意查新点的描述是否清楚、准确，应避免出现歧义、表述不清等现象。此外，还需要查看查新点的表述方式，若委托人使用是第一人称进行表述，需要修改成使用第三人称进行表述。

6. 查新范围要求

查新范围是指查新的专业范围、地域范围和时间范围。

一般只对查新报告的地域范围做区分,分为国内查新和国内外查新,审核员在审核时需要查看报告是否写明查新范围。

7.文献检索范围及检索策略

文献检索范围及检索策略主要包括文献检索范围、检索词和检索策略三个部分。

(1)文献检索范围

审核员在对查新报告进行形式审核时应注意查看文献的检索范围与查新项目的查新范围是否一致,具体应注意查看以下几点。

①数据库与查新范围是否一致:国内查新须包含中文数据库、国内外查新须包含中英文数据库。

②数据库是否全部列入:实际检索中涉及的与查新项目相关的国内外数据库均应在查新报告中列出。列入文献检索范围的数据库一般并按先中文数据库后外文数据库统一编号顺序排列,同时还应注明数据库所属检索系统或平台,或列出其网址。

③数据库是否进行了检索:检索范围中所列举数据库应为实际检索的数据库,未检索的数据库不得列在报告中。

④数据库的书写格式是否正确:在查新报告中一般需列举出数据库及数据库资源年限,年限需到报告出具相应年份或数据库停止更新年份。书写时应两端对齐,具体的著录格式为"数据库数字序号,数据库名称,数据库检索的起止日期"。

(2)检索词

查新员参考查新委托人提供的检索词,结合数据库的特点,充分利用已有的工具书(如词表、辞海、术语标准、词典、百科全书、手册、分类法等),将检索概念转化为数据库可以识别的具体检索词。审核员在对查新报告进行形式审核时,对于检索词的审核应注意查看以下几点:

①实际检索中采用的检索词在查新报告中应全部列出。

②检索词应尽量按照出现在检索式中的顺序排列。另外,国内外查新应将中英文检索词均列出,并按先中文检索词后英文检索词的顺序列出,一般中英文检索词需要对应填写,一行中文一行英文。

③检索词之间用中文标点分号";"隔开。

(3)检索式

根据查新项目的技术主题和数据库要求,组配检索词,确定各个检索词之间合理的逻辑关系，构成检索表达式。审核员在对查新报告进行形式审核时，对于检索式的审核应注意查看以下内容：

①实际检索中采用的检索式在查新报告中应全部列出；

②查新报告中的检索式不得拼接编造，应可重复检索验证；

③检索式符合所查数据库的索引体系和检索用词规则，检索式中所涉及的逻辑符和截词符应符合数据库中的格式；

④国内外查新应将中文检索式和英文检索式分别列出。

8. 检索结果

检索结果一般可分为检索结果归纳和相关文献列示两部分。

检索结果归纳部分通常可以概述检出的国内、国外文献综述以及从中筛选的与查新项目查新点具有可比性的相关文献数量；按照与查新点的密切程度，概述一般相关文献和密切相关文献的文献数量。具体格式为：本次检索共检索到相关文献 ×× 篇，其中密切相关文献 ×× 篇。

审核员在对查新报告进行形式审核时应注意查看检索结果的排列方式和著录方式是否符合下列要求：

①排列方式：一般按照查新点相关程度排列文献，或者按照先国内后国外的顺序依次列出。若当查新项目含有多个查新点时，相关文献可按照查新点依次列出。

②著录方式：相关文献列示部分的撰写方式一般应采用"著录项+摘要"的格式。

除上述要求外，审核员在审核时还应注意查看对比文献的数量以及排列顺序是否合理。一般情况下，国内报告按照与查新点的相似度顺序列出，并且应包含多个检索角度，每个检索角度建议列 1～3 篇文献；国内外报告每个查新点按照先中文后英文的顺序排列，并按照查新点相似度顺序列出，每个检索角度建议列 1～3 篇文献。如委托人有发表与查新项目相关的文献，若为中文文献可放在其他中文文献之前；若为外文文献可列在中文文献之后，其他外文文献之前。

此外，审核员在审查时需要特别注意查看检索结果中是否有将一些非公开出版的文献纳入其中，处于保密状态的材料不能作为对比文献。

9. 查新结论

查新结论由项目查新点归纳、文献对比分析和总结结论三部分组成。

审核员在对报告进行形式审核时应注意查看查新结论中是否包含上述三

部分内容，此外还应注意查看查新结论中语言描述是否通顺，是否存在错别字的情况。

审核员在对查新结论进行形式审核时，除了需要查看查新结论的内容是否完整外，还应注意查看查新员和审核员是否在查新结论末尾签字处亲笔签字以及签字日期是否与查新报告封面的完成时间一致。此外，还有一点需要注意的是如果有多名查新员或审核员，应注意查看人员是否全部列出，并且第一个名字是否为主查新员或主审核员。

10. 查新员与审核员声明

《规范》中明确查新员与审核员声明应体现查新人员恪守职业道德，维护和承担查新报告客观性、公正性、真实性的社会责任。在对查新报告进行形式审核时，主要查看查新员和审核员是否在查新员、审核员声明处签字以及日期是否有缺失。需要注意的是日期应与查新报告封面的完成时间一致。

11. 附件清单

附件清单应根据实际情况填写，没有附件的填"无"；有附件的附件页码数应与实际附件的页码数相吻合。

审核员在对查新报告进行形式审核时应注意查看附件的查新项目编号与查新报告的项目编号是否一致，以及查看附件所列举的文献篇数是否与检索结果部分列出的文献篇数一致。

12. 备注

备注可根据实际情况填写，若没有可写"无"。

第二节　查新报告写作规范要求

查新报告作为正式书面报告，其文字表达应当表意明确，不使用含义不清、模棱两可的词句。审核员在审核过程中应注意查看查新报告中的语言表达是否满足使用者的阅读、写作习惯，是否能够让使用者读懂、读通，并能够从逻辑推理上认同查新报告中的分析、比较和最后的结论。

一、查新报告中的术语规范要求

审核员在审核时应注意查看报告中的术语使用是否符合以下要求：

（1）查新报告中使用的术语应采用国家正式公布实施的简化汉字。在不产生歧义的情况下，个别术语可以使用中文外的其他文字，但在查新报告中第一次使用非中文技术名词时，一般应当在非中文技术名词后面加注括号，并在括号中注明中文译文或者给予中文说明，如 CPU（中央处理器）。

（2）查新报告中使用的术语应当统一，前后一致，并且符合相关国家现行标准和规范要求。对于一些专业技术术语，国家有规定的，应采用统一的术语；国家没有规定的，可以采用所属技术领域约定俗成的专业术语或是技术领域以及行业内容通用的术语。使用外来语时，其含义对其所属技术领域的技术人员来说是清楚的，不会造成歧义。

（3）缩略语应在查新报告中首次出现的位置后用小括号标明其全称。英文缩略语应在首次出现的位置标明其英文全称及中文的译名。

二、查新报告中的相关文献著录项要求

在《规范》6.3.12 一节中明确提到检索结果中相关文献的著录方式采用"题录+摘要"格式，其中题录的著录格式可参考国家标准《信息与文献 参考文献著录规则》（GB/T 7714—2015）中的相关规定。

1. 期刊论文

期刊论文的著录项目一般应包含题名、作者、机构、出处（年卷期页）、摘要等信息，其中题录的格式一般可为：

[序号]作者（单位名称）.题名[J].刊名,出版年,卷（期）:起止页.

【示例 1】

[1] 林仕鸿, 古治民, 陈卫强, 等（广东产品质量监督检验研究院）.食品包装材料中邻苯二甲酸酯含量的检测和迁移规律[J].化工管理,2021（13）:49-51.

[2]KANAMORI H（CALTECH）. Shaking without quaking[J]. Science, 1998, 279（5359）: 2063.

注①：如果作者为多个，作者之间用","隔开（逗号为英文半角）；

注②：如果作者单位为多个，作者机构间用";"隔开（分号为英文半角）。

2. 学位论文

学位论文的著录项目一般应包含作者、题名、年份、学位授予单位、摘要等信息，其中题录的格式一般可为：

[序号]作者.题名[D].地点：学位授予单位，年份.

【示例2】

[1] 徐菁华.木聚糖基抗氧化活性包装膜的制备及性能研究[D].北京：北京林业大学，2020.

3. 会议论文

会议论文的著录项目一般应包含作者、题名、出版年份、摘要等信息，其中题录的格式一般可为：

[序号]作者（单位名称）.题名[C].组织机构.出版年.

【示例3】

[1] 葛志，池金果，吴吉磊，等（烟台山水水泥有限公司，安丘山水水泥有限公司，青岛山水创新水泥有限公司，山东山水水泥集团有限公司青岛分公司）.海工硅酸盐水泥生产经验探讨[C].国家建材技术图书馆，建筑材料工业技术情报研究所.第十五届水泥工业科技创新技术交流峰会论文集.2022.

注①：如果作者为多个，作者之间用","隔开（逗号为英文半角）；

注②：如果作者机构为多个，作者单位间用","隔开（逗号为英文半角）。

4. 专利文献

专利文献的著录项目一般应包含专利名称、专利权人、发明人、专利申请号/专利号、申请日期、公告日期或公开日期、摘要等信息，有优先权的要注明优先权的日期和国别，其中题录的格式一般可为：

[序号]专利申请者或专利权人.发明人（如无，可省略）.专利名称：专

利申请号（专利公开/公告号）[P].申请日期（公告日期或公开日期）.

【示例4】
[1] 江西皇师傅食品有限公司.冯锋.一种食品加工保鲜用覆膜装置：CN110481853B[P].2019-09-29.

[2] SONY CORPORATION, SONY ELECTRONICS INC..Wendt PD, Mahwah NJ. Method and apparatus to detect watermark that are resistant to arbitrary deformations：US20030142848A1[P].2001-11-28.

注①：如果发明人为多个，发明人之间用","隔开（逗号为英文半角）；

注②：如果专利申请（专利权）人为多个，专利申请（专利权）人之间用","隔开（逗号为英文半角）；

注③：参考GB7408-2005相关规定，专利文献的申请日期格式为"YYYY-MM-DD"，用阿拉伯数字著录。如：2019-09-29。

5.普通图书/专著

专著的著录项目一般应包含作者、书名、出版者、出版年份、引文页码以及内容摘要等信息，其中题录的格式一般可为：

[序号] 主要责任者.书名[M].出版地：出版者,出版年：引文起止页.

【示例5】
[1] 蒋有绪,郭泉水,马娟,等.中国森林群落分类及其群落学特征[M].北京：科学出版社,1998.

[2] 哈里森.经济数学与金融数学[M].北京：中国人民大学出版社,2012：235-236.

6.电子资源

随着开放获取运动的兴起，大量的开放获取资源、预印本资源等也成为查新检索需要比对的数据源。常见的电子资源包括在线期刊、在线报告、通知、网络新闻报道或技术报道等网页信息。电子资源的著录项目一般应包含网页题目、公司或作者、报道日期、引用日期、获取和访问路径（即网址或其他出处）以及内容摘要等信息，其中获取和访问路径需根据电子资源在互联网中的实际情况进行著录，题录的格式一般可为：

[序号]作者.网页题目[文献类型标识/文献载体标识].(报道日期)[引用日期].获取和访问路径.

【示例6】

[1] 中国互联网络信息中心.《第46次中国互联网络发展状况统计报告》[R/OL].（2020-09-29）[2021-04-30].http：//www.gov.cn/xinwen/2020-09/29/5548176/files/1c6b4a2ae06c4ffc8bccb49da353495e.pdf.

[2] 国务院办公厅.国务院办公厅印发关于加快中医药特色发展若干政策措施的通知[EB/OL].（2021-01-22）[2021-04-30].http：//www.gov.cn/zhengce/content/2021-02/09/content_5586278.htm.

注①：[文献类型/文献载体]一项对于电子资源文献是必需的，[引用日期]、"获取和访问路径"这两项对于电子文献也是必需的；

注②：参考 GB7408—2005 相关规定，电子资源文献的报道日期或引用日期格式为"YYYY-MM-DD"，用阿拉伯数字著录。如：（2021-01-22）[2021-04-30]。

7. 标准文献

标准文献的著录项目一般应包含标准号、标准名称、发布日期以及内容摘要等信息，其中题录的格式一般可为：

[序号]颁布单位.标准名称：标准号[S].发布日期.

【示例7】

[1] 中华人民共和国国家质量监督检验检疫总局，中国国家标准化管理委员会.科技查新技术规范：GB/T 32003—2015 [S].2015-09-11.

注：参考 GB 7408—2005 相关规定，标准的发布日期格式为"YYYY-MM-DD"，用阿拉伯数字著录。如：2015-09-11。

8. 科技成果

科技成果的著录项目一般应包含成果名称、成果完成人、第一完成单位、项目立项编号、鉴定单位、鉴定日期等信息，其中题录的格式一般可为：

[序号]成果完成人.成果名称[Z].项目立项编号：.鉴定单位：.鉴定日期：.

【示例8】

[序号]汤伟,张越,王博,等.陕西科技大学.电动阀门工作状态监控系统[Z].项目立项编号:2014KCT-15.鉴定单位:国家知识产权局.鉴定日期:2021-04-20.

注①:如果作者为多个,作者之间用","隔开(逗号为英文半角);

注②:如果作者机构为多个,作者单位间用","隔开(逗号为英文半角)。

9. 其他文献

其他文献可参考《信息与文献 参考文献著录规则》(GB/T 7714—2015)中的相关规定。

在上述著录项目中,还需要注意以下几个问题:

(1)按顺序编码制对检索结果的各篇文献进行组织,各篇文献序号用方括号,如[1]、[2]、……,序号位置为前置符,即符号应位于各著录项开始位置。

(2)著录项中的所有标点符号应全部为英文半角格式;

(3)当文献的作者为多个作者且不超过三个时,可全部著录;若超过三个,可以仅列出前三位,其后加"等",英文文献可用"et al.";

(4)中英文文献中作者姓名采用姓在前名在后的著录形式,具体的著录格式可参考国标GB/T 7714—2015。

(5)查新报告中常见的文献类型及其标识代码如表5-1所示。

表5-1 查新报告中常见的文献类型及其标识代码

文献类型	标识代码	文献类型	标识代码	文献类型	标识代码
普通图书	M	会议录	C	报纸	N
期刊	J	学位论文	D	报告	R
标准	S	专利	P	电子公告	EB

(6)涉及国内外查新的检索结果,原则上使用结果本身的语种著录,必要时,可采用双语著录。

(7)著录项中的日期格式:著录项中涉及如"出版日期""引用日期""更新日期""公告日期"等日期可按照"YYYY-MM-DD"格式,用阿拉伯数字著录,例如:"2021-04-30";

（8）著录项的结尾格式：每条著录项的结尾可用"."号。

还有一点需要注意的是，在查新报告检索结果的著录项中，一般在期刊论文文献的著录项目"作者"之后以括号的方式标注作者单位，体现相关文献的研究主体和研究背景；专利文献中增加专利权人一项，这也是查新报告中文献著录和一般参考文献著录的主要差别。

三、查新报告中的标点符号书写要求

1. 标点符号的书写要求

在查新报告书写要求上，审核员在进行查新报告的形式审核时除了查看报告中所用术语以及相关文献的著录项是否符合格式要求，还需要关注报告中的标点符号书写是否符合要求。

查新报告中标点符号的使用应遵照《标点符号用法》（GB/T 15834—2011）中规定的相关要求，正确使用句末点号（包括句号、问号、叹号）、句内点号（包括逗号、顿号、分号、冒号）以及标号（包括引号、括号、破折号、省略号、着重号、连接号、间隔号、书名号、专名号、分隔号）。

此外，查新报告中除报告封面和查新报告检索结果中相关文献的著录项外，查新报告正文中其余文字内容的标点符号应使用中文输入法中的全角格式。审核员在审核时应注意查看标点符号的格式是否正确。常用标点符号的全角和半角格式如表5-2所示。

表5-2 常用标点符号全角和半角格式

标点符号	全角格式	半角格式
句号	。	.
逗号	，	,
顿号	、	\
冒号	：	:
分号	；	;

2. 上下角标的书写要求

在受理委托查新时，会有涉及化工、材料等领域的查新，其中可能存在涉及书写化学式（或分子式）以及化学元素（同位素）的情况，查新报告中的化学式（或分子式）以及化学元素（同位素）应当按照相应的书写规则进行书写，审核员在审核时应注意查看化学式中的上下角标是否书写正确。

四、查新报告中的计量单位书写要求

《规范》中提到查新报告中所用文字、符号、计量单位应符合国标 GB 3100～3102—1993 的规定和要求，共有 15 项（表 5-3），审核员在审核时应注意查新报告中的计量单位是否使用了国家法定计量单位，具体包括国际单位制计量单位和国家选定的其他计量单位。例如，450 ℉应修改为 232 ℃。特别要注意的是，使用量的名称应使用规范译名，不能用同音字随意替换译名。

审核员在审核时应注意查看数值范围是否符合书写要求。例如，温度 5 ℃±0.8 ℃可以写为：(5±0.8)℃，不能写作 5±0.8 ℃；3%～10% 不能写作 3～10%。此外，在审核时还需要注意查看计量单位的大小写、上下角标是否符合书写要求。例如：立方米应书写为"m^3"，不应书写成"m3"；压强单位帕斯卡应书写为"Pa"，不应书写成"pa"或"PA"。

表 5-3　涉及量和单位的国家标准

序号	标准名称及编号	发布日期	状态
1	《国际单位制及其应用》（GB/T 3100—1993）	1993-07-01	现行
2	《有关量、单位和符号的一般原则》（GB/T 3101—1993）	1993-07-01	现行
3	《空间和时间的量和单位》（GB/T 3102.1—1993）	1993-07-01	现行
4	《周期及其有关现象的量和单位》（GB/T 3102.2—1993）	1993-07-01	现行
5	《力学的量和单位》（GB/T 3102.3—1993）	1993-07-01	现行
6	《热学的量和单位》（GB/T 3102.4—1993）	1993-07-01	现行
7	《电学和磁学的量和单位》（GB/T 3102.5—1993）	1993-07-01	现行
8	《光及有关电磁辐射的量和单位》（GB/T 3102.6—1993）	1993-07-01	现行

续表

序号	标准名称及编号	发布日期	状态
9	《声学的量和单位》（GB/T 3102.7—1993）	1993-07-01	现行
10	《物理化学和分子物理学的量和单位》（GB/T 3102.8—1993）	1993-07-01	现行
11	《原子物理学和核物理学的量和单位》（GB/T 3102.9—1993）	1993-07-01	现行
12	《核反应和电离辐射的量和单位》（GB/T 3102.10—1993）	1993-07-01	现行
13	《物理科学和技术中使用的数学符号》（GB/T 3102.11—1993）	1993-07-01	现行
14	《特征数》（GB/T 3102.12—1993）	1993-07-01	现行
15	《固体物理学的量和单位》（GB/T 3102.13—1993）	1993-07-01	现行

此外，《规范》在查新审核这一节（见6.4）中对于计量单位的换算也进行了说明，《规范》中提到要统一计量单位及非法定计量单位的数据换算。

第三节　查新报告版式要求

一、整体版式

查新报告整体主要包括查新报告封面和正文两部分，查新报告的总体格式应遵照《规范》中规定的统一格式。

1. 页面设置

查新报告应采用 A4 纸，左右页边距 2.8 cm，上下页边距 3.0 cm，每栏的大小可随内容调整。

2. 字体要求

（1）报告封面

一般，报告封面"科技查新报告"字体为黑体，字号为小初，居中。"报告编号"为小四号，"项目名称""委托人""委托日期""查新机构""完成日期"等标题字段中文字体为宋体，字号为四号、加粗，外文、数字、符号等为 Times New Roman 字体、半角、字号为四号、加粗，具体字体格式可参考图 5-6。

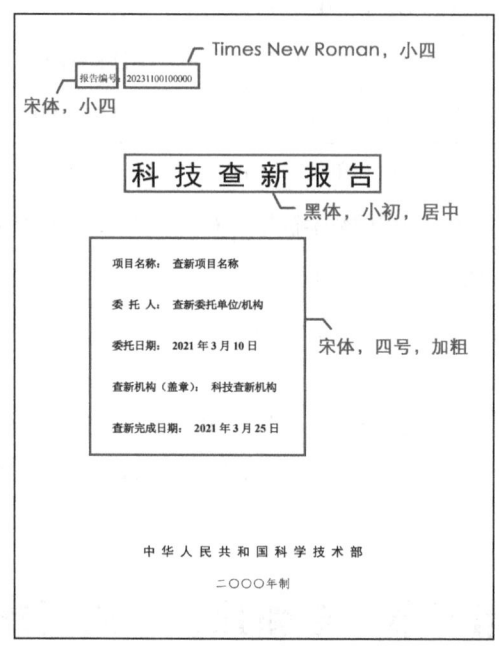

图 5-6　查新报告封面格式参考

（2）报告正文

报告正文字体为宋体，字号为小四。栏目内的一级标题加粗，编号为"一""二""三"等，各栏目内的标题可根据情况做加粗处理。

审核员可结合《规范》要求，在审核过程中对查新报告中的页面、字体等版式问题灵活处理。

二、标题版式

关于查新报告正文中的标题，审核员在对报告进行形式审核时应注意查看标题层次顺序和标题转行是否符合要求。在表示标题的顺序时，应按照标题序号的结构层次顺序进行排序，一般来说，一级标题使用"一、二、三、四……"，二级标题应使用"1、2、3……"，正文部分可用"（1）、（2）、

第五章　查新报告形式规范审核

（3）……"。

当标题文字较长需要转行时应注意不要将词语割裂，应注意避免出现因转行使标题中的词语产生歧义或相反义的问题。

还有一点需要注意的是，审核员在对报告进行形式审核时应注意查看报告中的标题是否存在因"沉底"（位于页面最后一行）导致标题下方无正文的情况。

查新报告中标题格式具体如图 5-7 所示。

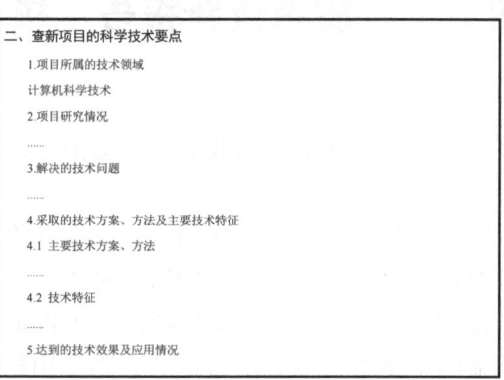

图 5-7　查新报告中标题格式参考

三、插图版式

插图是查新报告中的组成部分，一般插图应完整、清晰并居中显示，插图应包含图例，图例的编号需正确排序。

若插图有说明文字，一般排在图的下方，审核员在审核时需要注意查看图与文字是否匹配，防止出现图文不一致的情况。此外，审核员在进行报告的形式审核时还应注意查看插图的位置是否是在相关文字的下方，插图的位置一般不要超前。

四、表格版式

表格的格式一般是先表序、表题，然后排表头。表序和表题一般位于表格上方，居中显示。

表格如需跨页，续表应加上表头，同时要标注"续表"二字。跨页表应注意表格内容不要错格，表中有空位的地方一般填写"/"或"–"表示没有数据。

如果查新报告中含有表格，审核员在进行报告的形式审核时应注意查看表格的插入位置是否是在相关文字内容之后，不应出现先见表后见文字的情况。

第四节　纸质版查新报告审核要求

纸质版查新报告是最终查新委托人收到的查新报告，纸质版查新报告的审核也是查新审核中必不可少的一个环节。

一般，纸质版报告审核主要包括3个方面：一是审核纸质版的查新报告与审核员最终审核通过的电子版查新报告的版本是否一致，审核过程中指出的问题是否已经全部修改；二是审核纸质版的查新报告是否盖有查新报告专用章与骑缝章，所盖的章是否为本查新机构的查新专用章，对于查新报告附件，需查看是否在附件第一页加盖查新机构的"查新专用章"；三是审核纸质版的查新报告是否有查新员和审核员的签字，一般查新员和审核员应在查新报告的查新结论处以及"查新员、审核员声明"处签字。

需要提醒的是，在给查新报告加盖"查新专用章"时需要注意以下几点事项：

（1）在加盖时应尽量使"查新专用章"字样与文字保持水平。

（2）在封面报告加盖"查新专用章"时，专用章边缘应尽量穿过完成日期年份数字，把月份数字包含在里面。

（3）在正文结论处加盖"查新专用章"时，专用章边缘应尽量穿过日期年份数字，把月份数字包含在里面。

（4）查新报告应加盖骑缝章，并且骑缝章应加盖于报告右侧页边，位置建议在中上部（封面"科技查新报告"与"项目名称"之间），封面应有明显骑缝章印迹，如果页数较多，可加盖多个骑缝章以保证页边印迹。另外，查新报告中的骑缝章需要完整、合一。

查新报告及附件加盖科技查新专用章示例如图5-8、图5-9所示。

第五章　查新报告形式规范审核

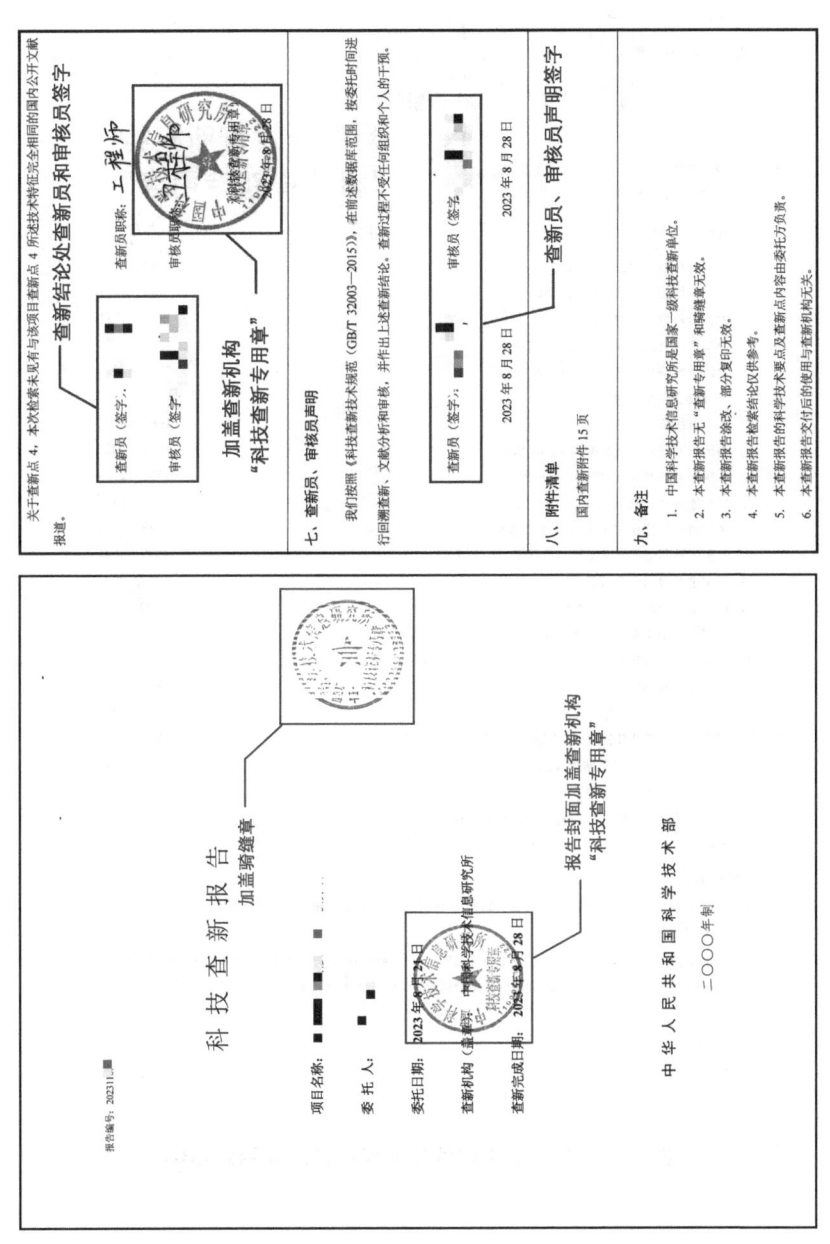

图 5-8　查新报告加盖科技查新专用章示例

159

报告编号：20211104 国内查新附件

附件加盖查新机构"科技查新专用章"

文献检索范围：

（一）检索国内下列有关中文数据库：

数据库名称	年限
1. 中文科技期刊数据库(PSTP)	1989—2021
2. 中国科技成果数据库(CSTAD)	1983—2021
3. 中国专利数据库(PATENT)	1985—2021
4. 中国学术会议论文数据库(CACP)	1986—2021
5. 中国学位论文数据库(CDDB)	1980—2021
6. 万方数字化期刊数据库	1998—2021
7. 中文科技报告	1966—2021
8. 中国学术辑刊全文数据库（知网版）	1975—2021
9. 中国学术期刊（网络版）（知网版）	1915—2021
10. 世纪期刊（知网版）	1915—1993
11. 中国博士学位论文全文数据库（知网版）	1999—2021
12. 中国优秀硕士学位论文全文数据库（知网版）	1999—2021
13. 中国重要报纸全文数据库（知网版）	2000—2021
14. 中国重要会议论文全文数据库（知网版）	2000—2021
15. 中国专利全文数据库（知网版）	1985—2021
16. 中国科技项目创新成果鉴定意见数据库（知网版）	1978—2021
17. 中国年鉴网络出版总库（知网版）	1949—2021
18. 国家标准全文数据库（知网版）	1950—2021
19. 国内外标准题录数据库（知网版）	1919—2021
20. 中国行业标准全文数据库（知网版）	1950—2021

（二）部分互联网资源检索

21. 佰腾科技专利检索平台(http://www.baiten.cn)
22. 百度搜索引擎(http://www.baidu.com)

检索结果：

1. 北京工商大学.王蓓,王小雨,谭励,等.基于身份标识性特征风味组分判别切达奶酪级别的方法[P].CN109374802B,2020-07-07.

摘要：本发明公开了一种基于身份标识性特征风味组分判别切达奶酪级别的方法，包括以下步骤：选择不同级别的切达奶酪作为标准品，并从标准品中萃取挥发性风味物质；采用香气提取物稀释分析法结合气

第1页共27页

图 5-9　查新报告附件加盖科技查新专用章示例

参考文献

[1] 黄瑞敏.科技查新审核工作规律探析[J].现代情报，2011，31（9）：140-144.

[2] 毛莉菊，陈蓉蓉，唐惠燕.查新报告审核中的关键问题探讨[J].农业图书情报学刊，2010，22（4）：73-75，83.

[3] 薛晓芳，程瑾，张晓燕，等.生物医药卫生科技查新中的信息分析研究[J].中华医学图书情报杂志，2010，19（4）：67-69，81.

[4] 袁雅君，周武源，吴叶青.科技查新审核质量控制研究[J].江苏科技信息，2014（17）：23-24，27.

[5] 朱金龙，于磊.新颖性审查中惯用手段直接置换的适用[J].中国科技信息，2020（19）：24-25.

[6] 国家知识产权局.专利合作条约[EB/OL].（2002-04-01）[2022-08-28].http：//ipr.mofcom.gov.cn/zhuanti/law/conventions/wipo/2/PCT.html.

[7] 国家知识产权局.专利审查指南[EB/OL].（2010-01-21）[2022-08-28].https：//www.cnipa.gov.cn/art/2015/1/9/art_99_28237.html.

[8] 全国量和单位标准化技术委员会.国际单位制及其应用：GB 3100—1993[S].北京：中国标准出版社，1994：7.

[9] 全国量和单位标准化技术委员会.有关量、单位和符号的一般原则：GB/T 3101—1993[S].北京：中国标准出版社，1993：12.

[10] 全国量和单位标准化技术委员会.空间和时间的量和单位：GB/T 3102.1—1993[S].北京：中国标准出版社，1994：12.

[11] 全国量和单位标准化技术委员会.周期及其有关现象的量和单位：GB/T 3102.2—1993[S].北京：中国标准出版社，1994：12.

[12] 全国量和单位标准化技术委员会.力学的量和单位：GB/T 3102.3—1993[S].北京：中国标准出版社，1994：12.

[13] 全国量和单位标准化技术委员会.热学的量和单位：GB/T 3102.4—1993[S].北京：中国标准出版社，1994：12.

[14] 全国量和单位标准化技术委员会.电学和磁学的量和单位：GB/T 3102.5—1993[S]. 北京：中国标准出版社，1994：2-21.

[15] 全国量和单位标准化技术委员会.光及有关电磁辐射的量和单位：GB/T 3102.6—1993[S]. 北京：中国标准出版社，1994：2-19.

[16] 全国量和单位标准化技术委员会.声学的量和单位：GB/T 3102.7—1993[S]. 北京：中国标准出版社，1994：2-21.

[17] 全国量和单位标准化技术委员会.物理化学和分子物理学的量和单位：GB/T 3102.8—1993[S]. 北京：中国标准出版社，1994：2-27.

[18] 全国量和单位标准化技术委员会.原子物理学和核物理学的量和单位：GB/T 3102.9—1993[S]. 北京：中国标准出版社，1994：4-21.

[19] 全国量和单位标准化技术委员会.核反应和电离辐射的量和单位：GB/T 3102.10—1993[S]. 北京：中国标准出版社，1994：2-29.

[20] 全国量和单位标准化技术委员会.固体物理学的量和单位：GB/T 3102.13—1993[S]. 北京：中国标准出版社，1994：2-21.

[21] 全国量和单位标准化技术委员会.特征数：GB/T 3102.12—1993[S]. 北京：中国标准出版社，1994：3-7.

[22] 全国量和单位标准化技术委员会.物理科学和技术中使用的数学符号：GB/T 3102.11—1993[S]. 北京：中国标准出版社，1994：3-29.

[23] 全国信息分类编码标准化技术委员会.中华人民共和国行政区划代码：GB/T 2260—2007[S]. 北京：中国标准出版社，2008：2.

[24] 中华人民共和国教育部语言文字信息管理司.标点符号用法：GB/T 15834—2011[S]. 北京：中国标准出版社，2012：3.

[25] 全国信息与文献标准化技术委员会.科技查新技术规范：GB/T 32003—2015[S]. 北京：中国标准出版社，2015：12.

[26] 全国信息与文献标准化技术委员会.信息与文献　参考文献著录规则：GB/T 7714—2015[S]. 北京：中国标准出版社，2015：5.

[27] 住房城乡建设部.《工程建设工法管理办法》[EB/OL].（2014-07-16）[2022-08-28]. https：//www.gov.cn/gongbao/content/2014/content_2781481.htm.